Rank, Otto

Der Kuenstler

Ansaetze zu einer Sexual-Psychologie

Rank, Otto

Der Kuenstler

Ansaetze zu einer Sexual-Psychologie

Inktank publishing, 2018

www.inktank-publishing.com

ISBN/EAN: 9783750129146

All rights reserved

This is a reprint of a historical out of copyright text that has been re-manufactured for better reading and printing by our unique software. Inktank publishing retains all rights of this specific copy which is marked with an invisible watermark.

DER KÜNSTLER

ANSÄTZE

ZU EINER SEXUAL-PSYCHOLOGIE

VON

OTTO RANK

> It is possible, he should know what he is,
> and be that he is?
> All's well that ends well.

WIEN und LEIPZIG
HUGO HELLER & Cie.
1907

Einleitung.

Eine richtige Erkenntnis vom Wesen des Künstlers kann nur auf der Grundlage einer allgemein giltigen umfassenden Psychologie erreicht werden, in der sowohl das Normale als auch das Pathologische sowie alle dazwischen liegenden Übergangstufen ihren Platz finden. Denn das Seelenleben des Künstlers ist von dem der andern Menschen nicht prinzipiell, sondern nur graduell verschieden, und die psychischen Mächte im Künstler, die das Kunstwerk hervorbringen, schaffen damit nicht etwas völlig Neuartiges und vereinzelt Dastehendes, sondern man findet bei näherem Zusehen im Seelenleben des normalen Menschen Ansätze und in den psychopathologischen Gebilden Analogien zu den wunderbaren und rätselhaften Schöpfungen der künstlerischen Produktionskraft. Das Schaffen des Künstlers muß also im Zusammenhang mit allen andern Erscheinungen des seelischen Lebens betrachtet werden, und nur eine Vergleichung der verschiedenen psychischen Äußerungen mit einander kann das Wesentliche und Besondere der künstlerischen Leistung, sowie ihre Ähnlichkeiten und Zusammenhänge mit den übrigen seelischen Gebilden erkennen lehren. Eine solche vergleichende Seelenforschung war aber bis jetzt unmöglich, da das Wesen der lehrreichsten und kompliziertesten der zu vergleichenden Äußerungen des seelischen Lebens in ein geheimnisvolles Dunkel gehüllt war. Erst die in jüngster Zeit von Professor Freud in Wien begründete Neurosenpsychologie ermöglicht es, für die pathologischen Gebilde sowie für alle ihnen ähnlichen und verwandten Leistungen des seelischen Apparats befriedigende Aufklärungen zu geben. Da ich nun meine Psychologie auf dem Fundament der Lehren Freuds aufbaue

und einzelne Ergebnisse seiner Forschungen zur Erklärung der Vorgänge im Künstler heranziehe, so muß ich für Leser, denen die Schriften Freuds nicht bekannt sind, eine kurz zusammengefaßte Darstellung seiner Lehren vorausschicken.

In den 1895 zusammen mit J. Breuer herausgegebenen Studien über Hysterie hat Freud das Wesentliche des psychischen Mechanismus dieser Krankheit aufgedeckt: die unerläßliche psychische Bedingung zur Akquirierung von Hysterie ist, daß eine Vorstellung absichtlich aus dem Bewußtsein verdrängt, von der assoziativen Verarbeitung ausgeschlossen wird. Aber sowohl die Gedächtnisspur als auch der der Vorstellung anhaftende Affekt sind nicht mehr auszutilgen. Es kommt jedoch ungefähr einer Lösung dieser Aufgabe gleich, wenn es gelingt, aus der starken Vorstellung eine schwache zu machen, ihr den Affekt, die Erregungssumme, mit der sie behaftet ist, zu entreißen; die von ihr abgetrennte Erregungssumme muß nun aber einer andern Verwendung zugeführt werden. Bei der Hysterie erfolgt die Unschädlichmachung der unverträglichen Vorstellung dadurch, daß ihre Erregungssumme ins Körperliche umgesetzt, konvertiert, wird. Ist bei einer Person die Eignung zur Konversion nicht vorhanden, so bleibt die von ihrem Affekt losgelöste Vorstellung abseits von aller Assoziation im Bewußtsein übrig, ihre frei gewordene Erregungssumme aber hängt sich an andere, an sich nicht unverträgliche Vorstellungen, die durch diese falsche Verknüpfung zu Zwangsvorstellungen im weitern Sinne werden. Hysterie und Zwangsvorstellung sind aber beide als Fälle von mißglückter Abwehr zu betrachten. Die somatischen und die psychischen Symptome sind Abkömmlinge und Reste des Verdrängten, das sich auf Umwegen wieder durchgesetzt hat. Die Wirkung der kathartischen Heilungsmethode Breuers, die im Buche an einigen Fällen von Hysterie gezeigt wird, besteht nun darin, daß sie die Zurückleitung der Erregung von den falschen Bahnen zur ursprünglichen Vorstellung zielbewußt erzeugt, um dann den Ausgleich des Konflikts durch Denkarbeit und die Abfuhr der Erregung durch Sprechen zu erzwingen.

Bei der Psychoanalyse neurotischer Symptome wurde Freud nun darauf aufmerksam, daß die Träume der Patienten im

Marginalia:
- Begriff der absichtlichen Verdrängung.
- Begriff der Konversion.
- Aufklärung des Traumes.

Krankheitsbild eine bedeutende Rolle spielen. Das Thema, auf das diese Träume zielten, war immer die Krankheitsgeschichte, die der Neurose zugrunde lag. Die aus dem Bewußtsein verdrängte peinliche Vorstellung kam in den Träumen wieder zum Vorschein, und ihre Abkömmlinge konnten Hilfe leisten, die verdrängte Vorstellung selbst bewußt zu machen und damit die Neurose zu heilen. Aber der Gedanke war im Traum in ein Bild verwandelt, gleichsam dramatisch dargestellt und zum Teil unkenntlich gemacht; nur einzelne oberflächliche Assoziationen, zarte Anspielungen und Verhüllungen deuteten vom Trauminhalt, der dem Träumer bewußt war, auf das verdrängte Material hin. Die Kette von Zwischengedanken aber, die den bewußten Trauminhalt mit den verdrängten Gedanken verband, konnte der Träumer selbst gleichsam nachliefern, wenn es ihm nur gelang, die Selbstkritik zu unterdrücken und kritiklos alle Gedanken festzuhalten, die ihm zu den einzelnen Elementen des Traumes einfielen. So bemächtigt man sich eines Materials, mit dessen Hilfe sich die Deutung der Traumgebilde sowie der pathologischen Ideen vollziehen läßt. Auf diese Weise deckte Freud hinter den manifesten Traumgedanken den eigentlichen latenten Trauminhalt auf. Dabei zeigte sich, daß der latente Trauminhalt immer und ohne Ausnahme einen Wunsch des Träumers als erfüllt darstellt. Die nächste Frage galt nun dem Faktor, der die Entstellung des Traumes, also die Umwandlung des latenten Trauminhalts in die manifesten Traumgedanken bewirkt. Wenn man daran denkt, daß in den Träumen Neurotischer die absichtlich aus dem Bewußtsein verdrängten Vorstellungen nur zum Teil wieder im Bewußtsein erscheinen, so liegt die Annahme nicht fern, daß dieselbe psychische Macht, die diese Verdrängung besorgte, auch weiterhin bestrebt sein wird, die von der Verdrängung betroffenen Gedanken vom Bewußtsein abzuhalten. Da sie das aber im Traum nicht vermag, so verfährt sie ähnlich wie der Zensor, der ein Werk nicht gänzlich unterdrücken kann, und streicht wenigstens die Stellen, die den verpönten Inhalt am deutlichsten ausdrücken. Da das Bewußtwerden dieser verdrängten Gedanken Unlust hervorrufen würde, so wird durch die Streichungen der psychischen Zensur die Entwicklung von Angst oder andern For-

Begriff der psychischen Zensur (des Widerstands).

men peinlichen Affekts verhütet. Hier liegt nun wieder der Schluß sehr nahe, daß auch die absichtliche Verdrängung einer Vorstellung aus dem Bewußtsein zu dem Zweck erfolgt, um die Entwicklung peinlicher Regungen zu verhindern. Da nun aber Träume auch bei normalen Personen, bei denen keine neurotisch verdrängten Vorstellungen nach Darstellung ringen, nichts Seltenes sind, so muß jeder Mensch gleichsam von Haus aus einen solchen Schatz „verdrängten" Materials besitzen, von dem der Antrieb zum Traum ausgeht. Die Analyse der Träume ergibt nun, daß der Wunsch, der den Traum erregt hat, fast ausnahmslos aus dem Kinderleben stammt, daß im Traum das Kind mit seinen Impulsen weiterlebt, daß also die traumbildende psychische Macht aus Wünschen gebildet ist, die das Individuum in der Kinderzeit verdrängt hat, und daß diese infantile „unabsichtliche" Verdrängung, die ich im Verlaufe meiner Untersuchung aus später ersichtlichen Gründen einfach Sexualverdrängung nennen werde, einen wesentlichen Faktor in der normalen Entwicklung des Individuums bildet. Freud nennt dieses bei jedem Individuum verdrängte Kindheitsmaterial das Unbewußte. An diese Erkenntnis knüpft er die Theorie an, daß auch in den Träumen Neurotischer nicht die absichtlich aus dem Bewußtsein verdrängte Vorstellung die Triebkraft für den Traum abgibt, sondern das Unbewußte, und daß sich der aus dem Bewußtsein verdrängte Gedanke nur auf dieses Material stützt und sich damit verstärkt. Diese Ergebnisse seiner Traumforschung, die auf allen Gebieten der Psychologie von weittragender Bedeutung sind, legte Freud in der Traumdeutung (Leipzig und Wien, 1900) dar. Bei der Besprechung der Psychologie der Traumvorgänge kommt Freud zu dem Resultat, daß das Unbewußte das eigentlich reale Psychische ist, das uns nach seiner innern Natur so unbekannt ist wie das Reale der Außenwelt, und uns durch die Daten des Bewußtseins ebenso unvollständig gegeben ist wie die Außenwelt durch die Angaben unserer Sinnesorgane, daß also das Bewußtsein nur ein Sinnesorgan zur Wahrnehmung psychischer Qualitäten ist.

Auf dieser Basis erweitert nun Freud den Einblick in die Psychologie der Neurosen. Unter den aus dem Infantilen stammenden, unzerstörbaren und unhemmbaren Wunschregungen befinden sich auch solche, deren Erfüllung in das Verhältnis des Widerspruchs zu den Zielvorstellungen des spätern Denkens getreten sind. Die Erfüllung dieser Wünsche würde nicht mehr einen Lust-, sondern einen Unlustaffekt hervorrufen und eben diese **Affektverwandlung macht das Wesen dessen aus, was wir als Verdrängung bezeichnen.** Da ferner jeder Traum darum eine Wunscherfüllung ist, weil er eine Leistung des Unbewußten ist, das kein anderes Ziel seiner Arbeit als Wunscherfüllung kennt und über keine andern Kräfte als die der Wunschregungen verfügt, so müssen auch alle andern psychischen Gebilde der erkannten Eigentümlichkeit des Unbewußten entsprechen und tatsächlich gipfelt die Theorie aller psychoneurotischen Symptome in dem einen Satz, daß auch sie als Wunscherfüllungen des Unbewußten aufgefaßt werden müssen. Als Ergebnis aus den Analysen neurotischer Symptome führt aber Freud an, daß ein hysterisches Symptom nur dort entsteht, wo zwei **gegensätzliche Wunscherfüllungen**, jede aus der Quelle eines andern psychischen Systems, in **einem** Ausdruck zusammentreffen können. Das neurotische Symptom im vollen Sinne ist also ein **Kompromißergebnis** zwischen zwei entgegengesetzten Wunschregungen und kommt jedem der beiden Wünsche so weit als möglich entgegen. Aber auch jeder zusammengesetztere Traum enthüllt sich als das Kompromißergebnis eines Widerstreits psychischer Mächte und auch beim Kunstwerk werden wir einen ähnlichen Kompromißmechanismus wiederfinden. Man sieht hier, wie die Ergebnisse der Traum- und Neurosenforschung einander erläutern und ergänzen und sich zu einem Ganzen zusammenschließen. Seine Ausführungen über den Aufbau des psychischen Apparats, dessen Konstitution sich aus der Traumpsychologie ergibt, schließt Freud mit der Bemerkung: Wenn wir uns mit einem Minimum von völlig gesichertem Erkenntniszuwachs begnügen wollen, so werden wir sagen, der Traum beweist uns, daß das Unterdrückte auch beim normalen Menschen fortbesteht und psychischer Leistungen fähig bleibt.

Diesem Nachweise ist Freuds nächste Arbeit: **Zur Psychopathologie des Alltagslebens** (Berlin 1904) gewidmet, die Studien über Vergessen, Versprechen, Vergreifen, Aberglaube

Wesen der Verdrängung.

Begriff des psychischen Kompromisses.

und Irrtum enthält. Freud weist hier wieder an der Hand zahlreicher Beispiele nach, daß in allen Fällen das Vergessen von Eindrücken, Kenntnissen und Vorsätzen durch ein Unlustmotiv, als Motiv einer Verdrängung, begründet ist, daß es also auch gleichsam eine Wunscherfüllung des Unbewußten ist. Sehr instruktiv ist die Bemerkung, die er über den Aberglauben macht: „Der Unterschiede zwischen mir und dem Abergläubischen sind zwei: erstens projiziert er eine Motivierung nach außen, die ich innen suche; zweitens deutet er den Zufall durch ein Geschehen, den ich auf einen Gedanken zurückführe. Aber das Verborgene bei ihm entspricht dem Unbewußten bei mir, und der Zwang, den Zufall nicht als Zufall gelten zu lassen, sondern ihn zu deuten, ist uns beiden gemeinsam. Ich nehme nun an, daß diese bewußte Unkenntnis und unbewußte Kenntnis von der Motivierung der psychischen Zufälligkeiten eine der psychischen Wurzeln des Aberglaubens ist." Aber noch weiter dehnt Freud den Begriff der unbewußten psychischen Projektion aus: „Ich glaube in der Tat, daß ein großes Stück der mythologischen Weltauffassung, die weit bis in die modernsten Religionen hineinreicht, nichts anderes ist als in die Außenwelt projizierte Psychologie. Die dunkle Erkenntnis psychischer Faktoren und Verhältnisse spiegelt sich in der Konstruktion einer übersinnlichen Realität, die von der Wissenschaft in Psychologie des Unbewußten zurückverwandelt werden soll. Man könnte sich getrauen, die Mythen vom Paradies und Sündenfall, von Gott, vom Guten und Bösen, von der Unsterblichkeit u. dgl. in solcher Weise aufzulösen, die Metaphysik in Metapsychologie umzusetzen."

Vom ersten Leser und Kritiker der Traumdeutung wurde Freud die Einwendung gemacht, daß der Träumer oft zu witzig erscheine. Freud wehrt diesen Vorwurf mit der Bemerkung ab, daß es nicht an seiner Person liege, wenn seine Träume witzig erschienen, sondern an den eigentümlichen psychologischen Bedingungen, unter denen der Traum gearbeitet werde. Der Traum werde witzig, weil ihm der gerade und nächste Weg zum Ausdruck seiner Gedanken gesperrt sei; er werde es notgedrungen und diese Tatsache hänge mit der Theorie des Witzigen und Komischen innig zusammen.

Diesem Nachweise gilt Freuds nächstes Buch: Der Witz und seine Beziehung zum Unbewußten (Leipzig und Wien, 1905). Freud weist darin — wieder an einer Reihe von Beispielen — nach, daß sich der tendenziöse Witz in den Dienst von Tendenzen stellt, um vermittels der Witzeslust als Vorlust durch die Aufhebung von Unterdrückungen und Verdrängungen neue Lust zu erzeugen. Je mehr solcher Hemmungen und Unterdrückungen, also nicht abreagierter, gleichsam verschluckter tendenziöser Regungen ein Mensch hat, um so witziger wird er sein. Da aber diesen Regungen infolge der Zensur die unverhüllte Äußerung verwehrt ist, so bedienen sie sich der Form des Witzes, um die unbewußten Hemmungen aufzuheben. Ersparung an Hemmungs- oder Unterdrückungsaufwand ist also das Geheimnis der Lustwirkung beim tendenziösen Witz. Vom Wesen der Vorlust, deren Mechanismus Freud auf ganz verschiedenen Gebieten des seelischen Geschehens als wirksam nachweist, erhält man den anschaulichsten Begriff durch die Vorstellung ihrer Wirkung beim Witz. Man denke nur daran, daß sehr häufig jemand über einen Witz maßlos lacht und nachher bemerkt, der Witz sei doch so dumm, daß er gar nicht wüßte, worüber er eigentlich so unbändig habe lachen müssen. Die Lust, die der Witztechnik selbst entspringt, ist eben nur die Vorlust, der geringe Anlaß, der gleichsam die Lawine ins Rollen bringt, der die aufgespeicherten unbewußten Hemmungen erlöst und so die Endlust herbeiführt. Die Vorlust wirkt dabei also wie eine Verlockungsprämie. Daß aber der Hörer des Witzes bei einiger Überlegung die Endlust quantitativ nicht mit der Ursache, nämlich der Witztechnik, in Übereinstimmung bringen kann, hat sein Analogon in der Neurosenpsychologie, wo zum Beispiel der Zwangsneurotiker sich den von der unverträglichen Vorstellung losgelösten gewaltigen Affekt im Gefolge der indifferenten Vorstellung, mit der dieser Affekt jetzt verbunden ist, nicht erklären kann. Denn ebenso wie beim Neurotiker der ganze Vorgang dieser Affektversetzung unbewußt bleibt, so ist auch der psychische Vorgang bei der Wirkung des Witzes nicht bewußt, und das Lachen ist das Ergebnis eines automatischen Vorgangs, der erst durch die Fernhaltung unserer bewußten Aufmerksamkeit ermöglicht wurde. Und ähn-

Begriff der Vorlust.

Theorie der Ersparnislust.

lich wie der Neurotiker geheilt ist, sobald ihm dieser Vorgang zum Bewußtsein gebracht ist, so ist nicht nur mit der Kenntnis des Witzmechanismus die Wirkung des Witzes zerstört, sondern die geringste Ablenkung des freiwerdenden Aufwandes von der automatischen Abfuhr, also etwa ein Kommentar, der die Aufmerksamkeit auf einen unverständlich gebliebenen Punkt des Witzes lenkt, schwächt seine Wirkung bedeutend ab. Die Verwandtschaft des Witzes mit dem Traum beruht nun auf der Ähnlichkeit der Vorgänge bei der Traum- und bei der Witzbildung. Ähnlich wie beim Traum ergibt auch die Theorie des Witzes, daß ein vorbewußter Gedanke für einen Moment der unbewußten Bearbeitung überlassen und deren Ergebnis alsbald von der bewußten Wahrnehmung erfaßt wird. Auch die innige Beziehung zum Infantilen hat der Witz. Der Gedanke, der zum Zweck der Witzbildung ins Unbewußte eintaucht, sucht dort nur die alte Heimstätte des einstigen Spieles mit Worten auf. Das Denken wird für einen Moment auf die kindliche Stufe zurückversetzt, um so der kindlichen Lustquelle wieder habhaft zu werden, und die sonderbare unbewußte Bearbeitung ist nichts anderes, als der infantile Typus der Denkarbeit. Etwas Wesentliches unterscheidet aber den Witz vom Traum: der Traum dient vorwiegend der Unlustersparnis, der Witz dem Lusterwerb. In diesen beiden Zielen treffen aber alle unsere seelischen Bestrebungen und Tätigkeiten zusammen. Auch mit den Psychoneurosen hängt der Witz gewissermaßen zusammen, und die Beobachtung Freuds, daß Neurotiker bei der Kur lachen, sobald ihnen ihre unbewußten Regungen bewußt werden, ist ein schlagender Beweis für die Richtigkeit seiner Ausführungen. Im Anschlusse an die Untersuchungen über den Witz gibt Freud noch die Aufklärung für eine Reihe hierher gehöriger Erscheinungen des seelischen Lebens; so für die Ironie, für das Naive und das Komische. Den Humor, mit dessen Erklärung das Buch schließt, faßt Freud als die am höchsten stehende aller seelischen Abwehrleistungen auf. Denn der Humor verschmäht es, den mit dem peinlichen Affekt verknüpften Vorstellungsinhalt der bewußten Aufmerksamkeit zu entziehen, wie es die Verdrängung tut, und überwindet so den Abwehrmechanismus; er bringt das zustande, indem er die

Mittel findet, der bereitgehaltenen Unlustentbindung ihre Energie zu entziehen und sie durch Abfuhr in Lust zu verwandeln. Die Lust des Humors entsteht also gleichsam auf Kosten der unterbliebenen Affektentbindung, sie geht aus erspartem Affektaufwand hervor.

Wie die Grundlagen der beiden vorhergehenden Bücher Freuds, so ist auch der Keim seines jüngsten Werkes, der drei Abhandlungen zur Sexualtheorie (Leipzig und Wien, 1905), bereits in der Traumdeutung enthalten; es heißt dort: Die Theorie der Psychoneurosen behauptet mit ausschließender Sicherheit, daß es nur sexuelle Wunschregungen aus dem Infantilen sein können, die in den Entwicklungsperioden der Kindheit die Verdrängung erfahren haben, in spätern Entwicklungsperioden dann einer Erneuerung fähig sind, sei es infolge der sexuellen Konstitution, die sich ja aus der ursprünglichen Bisexualität herausbildet, sei es infolge ungünstiger Einflüsse des sexuellen Lebens, und die somit die Triebkräfte für alle psychoneurotische Symptombildung abgeben.

In der Sexualtheorie geht Freud von den Abirrungen des Geschlechtstriebes in bezug auf sein Objekt und sein Ziel aus und führt als Ergebnis seiner psychoanalytischen Untersuchungen an, daß bei den Psychoneurotikern, einer zahlreichen und den Gesunden nicht fern stehenden Menschengruppe, die Neigungen zu allen Perversionen als unbewußte Mächte nachweisbar sind und sich als Symptombildner verraten. Die Neurose ist also gleichsam ein Negativ der Perversion. Angesichts der großen Verbreitung der Perversionsneigungen drängt sich der Schluß auf, daß die Anlage zu den Perversionen die ursprüngliche allgemeine Anlage des menschlichen Geschlechtstriebes sei, aus der das normale Sexualverhalten infolge organischer Veränderungen und psychischer Hemmungen im Laufe der Reife entwickelt werde. Der Geschlechtstrieb des Erwachsenen entstehe durch die Zusammenfassung vielfacher Regungen des Kinderlebens zu einer Einheit, einer Strebung mit einem einzigen Ziel, dem Begattungsakt. Gelingt diese Zusammenfassung nicht, so entwickeln sich entweder diese einzelnen Regungen zu den wirklichen Trägern der Sexualität (Perversionen) oder aber, wenn sie eine ungenügende Unterdrückung (Verdrängung) erfahren haben, so ziehen sie als Krankheitssymptome (Neurose) einen beträchtlichen Teil der sexuellen Energie an sich. Die angenommene Konstitution aber, welche die Keime zu allen Perversionen aufweist, wird sich nur beim Kinde aufzeigen lassen. Freud wendet sich nun der Betrachtung des Sexuallebens im Kindesalter zu. Das Kind bringe schon Keime von Sexualität mit zur Welt und genieße schon bei der Nahrungsaufnahme sexuelle Lust mit. Aber auch die Mächte, die dazu bestimmt seien, den Sexualtrieb in gewissen Bahnen zu erhalten, würden schon im Kindesalter auf Kosten der großenteils perversen Sexualregungen aufgebaut. Ein Teil der infantilen Sexualregungen entgehe diesen Verwendungen und könne sich als Sexualbetätigung äußern. Die Sexualerregung des Kindes fließe aus vielerlei Quellen, ja es sei möglich, daß nichts Bedeutsameres im Organismus vorfalle, was nicht seine Komponente zur Erregung des Sexualtriebes abzugeben hätte. Der Geschlechtstrieb sei im Kindesalter aber objektlos, autoerotisch. Unter dem Einflusse der Verführung könne das Kind polymorph pervers, das heißt zu allen möglichen Überschreitungen verleitet werden; das zeige, daß es die Eignung dazu in seiner Anlage mitbringe. Freud schließt seine Ausführungen mit der Besprechung der Veränderungen, die durch den Eintritt der Pubertät gesetzt werden und hebt als die maßgebenden die Unterordnung aller sonstigen Ursprünge der Sexualerregung unter das Primat der Genitalzonen und den Prozeß der Objektfindung hervor.

Die erste dieser Veränderungen vollziehe sich mit Hilfe des Mechanismus der Vorlust, indem die sonst selbständigen sexuellen Akte, die mit Lust und Erregung verbunden seien, zu vorbereitenden Akten für das neue Sexualziel, die Entleerung der Geschlechtsprodukte, würden. Die jetzige Vorlust sei gleichsam eine antiquierte Lust. Die Objektwahl aber werde geleitet durch die infantilen, in der Pubertät aufgefrischten Andeutungen sexueller Neigung des Kindes zu seinen Eltern und Pflegepersonen und durch die mittlerweile aufgerichtete Inzestschranke, die die Neigung von diesen Personen auf ihnen ähnliche lenke.

Außer den beiden schon genannten Endausgängen der sexuellen Entwicklung bei abnormer konstitutioneller Anlage, in Perversion oder Neurose, wird noch ein dritter Ausgang durch den Prozeß der **Sublimierung** ermöglicht, bei dem den überstarken Erregungen aus einzelnen Sexualitätsquellen Abfluß und Verwendung auf andere Gebiete eröffnet wird, so daß eine nicht unerhebliche Steigerung der psychischen Leistungsfähigkeit aus der an sich gefährlichen Veranlagung resultiert. Eine der Quellen der Kunstbetätigung ist hier zu finden, und je nachdem eine solche Sublimierung vollständig oder unvollständig ist, wird die Charakteranalyse hochbegabter, insbesondere künstlerisch veranlagter Personen jedes Mengungsverhältnis zwischen Leistungsfähigkeit, Perversion und Neurose ergeben.

Damit habe ich den Anschluß an mein Thema erreicht, muß mich aber zunächst den fundamentalen Erscheinungen des seelischen Lebens zuwenden, bevor ich zum Künstler übergehen kann.

Diese Welt war am Anfang der Âtman einzig und allein. Er begehrte: „Möge ich ein Weib haben! möge ich mich fortpflanzen! möge ich Reichtum haben! möge ich ein Werk vollbringen!" So weit nämlich reicht das Begehren.

Brihadâranyaka-Upanishad 1, 4, 17.
(Übersetzt von Deussen.)

Die sexuelle Grundlage.

> Nur die Kraft ist seelig, die Widerstand nach
> ihrem Maß überwältigt und ihn nach ihrem Wesen
> ordnet, seys auch unter Pein und Leiden.
>
> Heinse.

Im Gegensatz zur Abgeschlossenheit der anorganischen Körper vermag sich alles Organische nur durch stets erneuerte Beziehungen zur Außenwelt zu erhalten. Schon die Entwicklung der Organismen muß man sich begleitet vom Erwachen eines Bedürfnisses vorstellen, das nicht nur die Erhaltung, sondern auch die Vergrößerung des Organismus anstrebt, der nach einer ähnlichen Unabhängigkeit von der Außenwelt trachtet, wie sie den anorganischen Körper auszeichnet. Das erwachte Bedürfnis findet auch anfangs noch innerlich seine Befriedigung, die es gewissermaßen bei sich hat: der Ausdruck dieses unmittelbaren Verhältnisses ist das erste Wachstum des Organismus, das noch mit der Energie bestritten wird, die durch den ursprünglichen Anstoß zur Bildung der Organismen gegeben war. Mit dem Organismus wachsen aber auch die organischen Bedürfnisse, die ihre Befriedigung bald nicht mehr innerlich finden. Dieser Mangel schafft im Organismus eine Art Unzufriedenheit, die sich bald zu einer innern Erregung, einer Spannung steigert und schließlich ein drängendes Verlangen, eine Libido hervorruft, die danach trachtet, den Reiz aufzuheben. Die Libido ist also die Reaktion auf eine Störung, auf eine Unlust, zu deren Beseitigung sie ins Leben gerufen ist. Durch die Aufhebung dieser Unlust aber wird die erste Erfahrung der Lust gemacht. Die Libido hat zum Unterschied vom allgemeinen und undifferenzierten Charakter des Bedürfnisses die Fähigkeit der Anpassung und Verwandlung; sie ist

Entstehung der Libido.

sozusagen nur ein klug gewordenes Bedürfnis, das notgedrungen gelernt hat, sich jeweils den verschiedenen Umständen anzupassen und sie zu ihrem Vorteil auszunützen. Die Libido vermag es also, sich auf jede Weise Befriedigungen (Frieden) zu verschaffen, sie hat die Anlage zu allen Möglichkeiten des Lustgewinnes in sich: im Hinblick auf den spätern Entwicklungsgang der Libido könnte man sagen, daß sie, rein theoretisch betrachtet, das Vermögen der Allsexualität besitzt. Infolge ihrer Vielseitigkeit vermag sie es also, dem organischen Bedürfnisse von außen her Befriedigungen zu vermitteln; sie weckt den Trieb nach Nahrungsaufnahme (den Hunger), in dessen Gefolge sie selbst ihre Befriedigung findet, während sie ihrerseits wieder diesen Trieb leitet, indem sie als Verlockungsprämie wirkt und seine Befriedigung mit Lusteffekt verbindet. *) Die Aussicht auf Lustgewinn verlockt nun den Trieb, die Widerstände, die sich seiner Befriedigung entgegenstellen, zu überwinden und weckt so, je nach der Art und Intensität dieser Widerstände nach und nach neue Triebe zur Vermeidung von Unlust. So kann man sich zum Beispiel den später sogenannten Grausamkeitstrieb auf die Weise entstanden denken, daß sich dem ursprünglich nicht mit Grausamkeit verknüpften Nährungstrieb ein mächtiger Widerstand (etwa ein gleich starkes Tier) entgegenstellt, der ihn zwingt, zur Befriedigung des Hungers, also zur Erlangung einer bereits bekannten Lustempfindung, etwas zu tun, was später „grausam" genannt worden ist.

Anfangs wird der größte Teil der Libido zur Einführung der notwendigen Triebe verwendet, die der, durch die stets wachsenden Körperbedürfnisse erschwerten Erhaltung des Lebens dienen; ist die Betätigung der Triebe gewährleistet, dann genügt ein geringerer Beitrag von Libido, um sie in Funktion zu erhalten, und die freiwerdende Libido sucht selbständig Befriedigungen. Die ursprünglich zur Verhütung von Unlust ins Leben gerufenen Triebe werden nun auch zum bloßen Lusterwerb betätigt; sie erhalten zu diesem Zweck eine hohe Libido-

---

*) Die Anregung zu dieser Auffassung der „Assoziation" von Hunger und Libido erhielt ich durch einen Vortrag über das sexuelle Problem in der Erziehung, den der Wiener Arzt Dr. Alfred Adler (April 1905) im Verein der abstinenten Lehrer gehalten hat.

prämie, die die fehlende Triebkomponente ersetzt. Dabei wirkt die Erinnerung an die auf normalem Wege erlebten Befriedigungen als Ansporn (Vorlust) zur neuerlichen Erlangung der Endlust, die der normalen Betätigung des Triebes entspricht. Mit der Benützung der ursprünglich zur Verhütung von Unlust geweckten Triebe zum bloßen Lusterwerb ist zugleich der erste und allgemeinste Charakter der Perversion gegeben, deren Wesen in einer libidinösen Überbesetzung besteht, die über das Maß des zur Befriedigung eines Triebes unbedingt notwendigen Libidobeitrages hinausgeht. Die Lustempfindung erscheint dann nicht mehr im Gefolge der Befriedigung eines organischen Bedürfnisses, sondern die Lust wird lediglich um ihrer selbst willen gesucht und hervorgerufen. Eine solche Perversion wäre beispielsweise die vom Nährungstrieb losgelöste Grausamkeitskomponente, die selbständig Befriedigungen sucht. [*Allgemeinster Begriff der Perversion.*]

So wie nun die Libido es vermag, sich im einzelnen Falle zum Zwecke des Lustgewinnes den Verhältnissen anzupassen, so richtet sie die Arten ihrer Betätigung allmählich nach den häufig vorkommenden Fällen ein. Auf diese Weise fixieren sich gewisse ihrer Funktionen, ohne daß jedoch die Libido dadurch die Fähigkeit der weitern Anpassung verlieren würde. Durch diese Fixierung einzelner libidinöser Betätigungen in bestimmten Bahnen erhalten sie erst den ausgesprochenen Charakter des Triebes; denn obwohl schon anfangs die auf ein spezielles Ziel gerichtete Libido etwas Triebartiges an sich hatte, so kennzeichnet doch erst nicht nur die auf ein gewisses Ziel gerichtete, sondern auch die in bestimmten Bahnen dieses Ziel suchende Libido den Trieb. [*Charakter des Triebes.*]

In der allmählich zustande gekommenen Fixierung und Ausbildung der Triebe, sowie in ihrem gegenseitigen Verhalten zueinander, lassen sich nun ganz deutlich drei Entwicklungsstufen der libidinösen Betätigungen scharf voneinander unterscheiden, und die Aufgabe wird es nur sein, die Übergänge dieser verschiedenen Stadien ineinander aufzuzeigen. Auf der Grundlage des Gesetzes von der Ökonomie, das für das gesamte organische Leben von höchster Bedeutung ist, kann man sich die allmählich eintretenden Veränderungen in den Funktionen der Libido etwa so erklären: Zuerst betätigt sich die Libido auf [*Entwicklungsgeschichte der Libido.*]

vielerlei Weise und in vielgestaltiger Art. Auf diese Stufe der **Polymorphie** gelangt sie, indem bei den Trieben, die durch fortwährende Erhöhung der Libidoprämie zu immer größerem Lustgewinn benützt werden, die Prämie schließlich nicht mehr erhöht und damit auch der Lustgewinn von außen her nicht mehr gesteigert werden kann. Die Libido wirft sich also aufs innere. Und wie anfangs das organische Bedürfnis, im Streben nach unabhängigen Befriedigungen von der Außenwelt, zur Aufhebung von Unlust sich des eigenen Objekts bediente, sich also autoerotisch befriedigte, so trachtet nun die Libido, nach Analogie dieser Art der Befriedigung und mit Verwertung der Erfahrungen, die sie an den Objekten machte, sich selbst unmittelbar auch zur Erzielung von Lusteffekt zu verwenden. Sie bevorzugt einzelne Triebe und beginnt infolge des größern Lustgewinnes, den sie aus der Betätigung dieser Triebe zieht, die andern zu vernachlässigen. Die Libido konzentriert sich so allmählich auf eine größere Anzahl besonders lustvoller Funktionen: sie betätigt sich **vielsexuell** (polymorph pervers).

Stufe der Vielsexualität.

Im Streben nach höherem Lustgewinn verschärft sich dann der durch die Vielsexualität vorgebildete Unterschied zwischen den bevorzugten und den vernachlässigten Trieben, indem die Triebe, deren Befriedigung als ergiebigere Lustquelle erkannt wurde, den andern die zum bloßen Lusterwerb verliehene Libidoprämie entziehen, um die eigene noch weiter zu verstärken. Dieser Zuwachs an Macht ermöglicht es diesen Trieben, die andern vernachlässigten Triebe schließlich zu unterdrücken; denn zur Erzielung höherer Lusteffekte bei den bevorzugten Trieben wurde den andern Trieben immer mehr Libido entzogen. Die dadurch verstärkte Unterdrückung erschwerte aber die neuerliche Betätigung der vernachlässigten Triebe immer mehr und begünstigte ihre Fixierung als eine Art innern Widerstandes, der nach und nach die häufige und wahllose Befriedigung der Libido einschränkte und auf ergiebigere Lustquellen lenkte. Die unterdrückten Triebe stellten sich infolge der Entziehung von Libido in immer schärfern Gegensatz zu denen, die sich erhalten hatten, bis sich der ganze Komplex von Trieben in zwei große Gruppen, die aktiven und die passiven, geschieden hatte, die Libido sich also **bisexuell** betätigte, indem sie gleich-

Stufe der Bisexualität.

sam die innern Widerstände als Objekt, zum Lustgewinn, benützte. Mit der Bisexualität ist der Versuch erneuert, die Lustquelle ins Innere des Organismus zu verlegen und zur Unabhängigkeit von den Außendingen zu gelangen.

Aber der vorbildliche Lusteffekt, dessen Wahrnehmung bei der Überwindung von Objekten gemacht worden war, wurde auch durch die Bisexualität nicht erreicht, denn die „Überwindung" der innern Widerstände ließ bald eine, den hohen Aufwänden auch nur annähernd entsprechende Lustwirkung vermissen. Die äußern Widerstände aber konnten, da sie mitunter unüberwindlich waren und dann die lustvolle Betätigung der Triebe verhinderten, Unlust verursachen. Diesem Konflikt nun zwischen den Erfahrungen aus der Bewältigung äußerer, aber unter Umständen unüberwindlicher Widerstände, deren Überwindung jedoch hohen Lusteffekt versprach, und innerer, stets noch überwindlicher Hemmungen, deren Aufhebung aber verhältnismäßig wenig Lust lieferte, wich die Libido mit einem Kompromiß aus, indem sie einen innern Widerstand nach außen versetzte. Durch seine Herkunft aus dem Innern war sie stets sicher, ihn überwinden zu können, während seine Eigenschaft als Objekt ihm den Anschein der Unbesiegbarkeit gab und ihm dadurch die Fähigkeit verlieh, hohe Lustwirkungen auszulösen.

Stufe der Monosexualität.

Dieser abhängige Widerstand bildete sich, indem in manchen Individuen, in denen anfangs der Verdrängung leichter zugängliche Triebe unterdrückt worden waren, diesen Trieben noch weiter Libido entzogen wurde, und zwar bis zu einer genau bestimmten, bei jedem einzelnen Trieb mit Rücksicht auf seine Notwendigkeit zur Erhaltung des Lebens variablen Grenze. Die Individuen aber, in denen anfangs der weitern Verdrängung minder geneigte Triebe unterdrückt worden waren, vermochten sich in einer gewissen Aktivität zu erhalten, die sie später mit Beziehung auf die andern Individuen noch steigerten: sie entwickelten sich zum Männchen. Die Individuen dagegen, in denen die fortgesetzte Verdrängung von Libido einen Umschwung der Triebe herbeigeführt hatte, differenzierten sich, im Verhältnis zur Aktivität der andern Individuen immer mehr von diesen, so daß sie schließlich wesentlich anderer, gleichsam umgekehrter, passiver Befriedigungen, also der Überwindung be-

Männliches und Weibliches.

durften: sie wurden zum Widerstand κατ' ἐξοχήν, zum Weibchen. Im männlichen Individuum blieben aber Reste des Widerstandes wirksam, der sich aus den unterdrückten (passiven) Trieben konstituierte, ebenso wie im weiblichen Individuum die Abstammung von der Libido, den „aktiven Trieben", sich im Widerstehen, im Sträuben deutlich äußert, während das Vorherrschen der passiven Eigenschaften die endliche Überwindung gewährleistet. Die Abstufungen des Mischungsverhältnisses von „Männlichem" und „Weiblichem" in den einzelnen Individuen sind unzählig.

Parallel mit der allmählich fortschreitenden Veränderung der libidinösen Betätigungen, von der „Allsexualität" über alle Zwischenstufen bis zur Heterosexualität, veränderten sich auch die Funktionen der Fortpflanzung. Die erste Art der Fortpflanzung, durch Teilung, ergab sich wohl aus der Wachstumsgrenze, die dem einzelnen Organismus gesetzt war: diese Art der Vermehrung ist also nur ein von einem Individuum auf viele übertragenes und von diesen fortgesetztes Wachstum; sie strebt nur

Entwicklungsgeschichte der Organismen. Ausbreitung, aber nicht Veränderung der Gattung an. Die Entwicklung der Organismen aber durch die Pflanzen- und Tierreihe aufwärts bis zum Menschen ist eine Folge der zur Steigerung der Lustempfindung veränderten libidinösen Funktionen, deren allmählich zunehmende Konzentration eine stete Modifikation des Organismus erforderte. Diese Konzentration konnte aber mit Rücksicht auf einzelne, je nach den äußern Verhältnissen verschiedene Triebe, deren größere Selbständigkeit zur Erhaltung des Lebens erforderlich war, nicht restlos erfolgen. Von der Assoziation der libidinösen Strebungen (der Veränderungstendenz) mit dem Streben nach Vermehrung (der Ausbreitungstendenz) zum Fortpflanzungstrieb, splitterten

Begriff der Dissoziation. sich einzelne selbständige Sexualreste als Rückbildungen (Dissoziation) in den frühern Zustand ab. Diese Sexualreste waren aber schließlich nicht genügend stark, um die Aufwände bestreiten zu können, die zur „sexuellen" Betätigung dieser Triebe erforderlich waren; denn durch die wachsenden Ansprüche des Fortpflanzungstriebes auf Libido wurde den „perversen" Trieben die Sexualprämie allmählich bis auf ganz geringe Reste entzogen. Die Triebe wurden gleichsam verschluckt, auf Vorrat angelegt und bildeten, immer mehr geschwächt, endlich im Menschen das Fundament des Psychischen. Die Libido selbst hatte wohl schon ursprünglich etwas „Psychisches" an sich, und dieses Urpsychische lenkte und leitete die gesamte Tätigkeit des Organismus; aber erst mit dem Weibe, mit der Monosexualität, ist das eigentliche Psychische, das Unbewußte, gesetzt, das aus unterdrückten Trieben zusammengesetzt ist, denen nur ein geringer Beitrag von Libido erhalten blieb. Das Psychische ist also abgeschwächtes, durch Entziehung von Libido unterdrücktes, verfeinertes „Physisches". Es ist nichts Konstantes, sondern eine variable Funktion, die sich durch Innervationen kundgibt; und wie anfangs der psychische Apparat „dem Bestreben folgte, sich möglichst reizlos zu erhalten", so besteht später, im Einklang mit der Komplizierung der Psyche, die analoge „Tendenz zur Konstanterhaltung der intracerebralen Erregung"*). Die Störung dieses Gleichgewichts durch innere oder äußere Ursachen, der Affekt, ruft Unlust hervor und drängt nach Herstellung des frühern Zustandes, nach Abfuhr der überflüssigen Erregungsmenge, die Lust erzeugt; wird die Abfuhr durch innere oder äußere Widerstände gehemmt, so bleibt der Überschuß fähig, bei geeigneten Anlässen stets Unlust zu erregen, bis er auf irgend eine Weise weggeschafft wird.

<small>Fundament des Psychischen.

Inhalt des Unbewußten.</small>

Das Weib ist gleichsam die Personifikation aller innern Widerstände des Menschen, die sich — zur Steigerung des Lusteffekts — als Kompromißbildung aus verschiedenen Strebungen ergab, gegen die einerseits zu wenig lustvolle Befriedigung der Libido auf autoerotische Weise und andrerseits gegen die unverhältnismäßig großen Aufwände, die mitunter an der Überwindung der „Objekte" scheiterten. Die Geschlechtscharaktere von Mann und Weib haben sich erst allmählich schärfer ausgebildet. Anfangs dürfte eine Art homosexuellen Verkehrs vorgeherrscht haben, bis das Streben nach Lusterhöhung die Geschlechter weiter differenzierte, indem beim Manne die libidinösen Triebe, beim Weibe die Widerstände, die unterdrückten Triebe, immer stärker hervortraten. Bei jedem Geschlecht

<small>Phylogenetische Wurzel der Homosexualität.</small>

---

*) Studien über Hysterie.

blieben aber die charakterisierenden Triebe des andern (die perversen) in größerer oder geringerer Intensität von der frühern Bisexualität her wirksam und suchten sich einzeln durchzusetzen, so daß sich schließlich als Kompromiß aus allen diesen ver-

Vielseitigkeit des Coitus. einzelten Strebungen der Coitus ergab, bei dem nebst den geschlechtsbestimmenden Haupttrieben die andern, minder betonten Triebe auch ihre Befriedigung finden, weshalb dieser Akt die höchste Lustempfindung auslöst und ein Erlöschen aller libidinösen Regungen für kurze Zeit herbeiführt. Für die Sicherung der allgemeinen Befriedigung im Coitus sorgt die vom

Gegenseitige Anziehung der Geschlechtscharaktere. „Unbewußten" geleitete gegenseitige Anziehung der Geschlechtscharaktere: der Mann sucht so viel Widerstand, daß er sicher ist, den höchsten Lusteffekt aus der Überwindung zu ziehen, und das Weib sucht die Libido, die ihrem Widerstand eben noch gewachsen ist. Mit dieser Auswahl ist aber auch die Befriedigung der Perversionen gewährleistet, die durch Mitlust erreicht wird.

Begriff der Mitlust. Da das Unbewußte bei der Auswahl der Geschlechtscharaktere im allgemeinen darauf hinzielt, daß die Triebe der beiden Individuen einander in der Weise ergänzen, daß die unterdrückten Triebe des einen Teils den beim andern Teil wirksamen Trieben entsprechen, so kommt bei jeder Art eines befriedigenden Geschlechtsverkehrs, also auch beim vollkommenen Coitus, die Befriedigung der „normalen" Triebe des andern Geschlechtes der Aufhebung der Unterdrückungen, der Betätigung der Perversionen des eigenen Geschlechtes gleich, und die hohe Lust geht aus Ersparnis an Aufwänden hervor, die zur Aufhebung aller innern Hemmungen von jedem Teile selbst gemacht werden müßten, indem nun das andere Geschlecht die Überwindung gewisser Widerstände lustvoll besorgt, gleichsam hilft, die ganze Psyche aufzuheben. Es wird hier für einen Augenblick der Zustand der Allsexualität hergestellt, der mit dem Zustand nach dem Tode die Bewußtlosigkeit gemeinsam hat, und der die Voraussetzung für die Möglichkeit des Bewußtwerdens, der Geburt, eines neuen Individuums ist.

Das Kind, eine Wunscherfüllung des Unbewußten. Das im Coitus versuchte Kompromiß ist annähernd im Kinde realisiert, das ganz deutlich die ursprüngliche Veranlagung des Menschen verrät und den Willen, sie auf jede Weise, die Lustgewinn verspricht, zu betätigen. Die Liebe der Eltern zum Kinde ist ein durch bewußte Anknüpfung an die eigene Kindheit vermitteltes unbewußtes Wiedererkennen ihres Urzustandes, und die Hoffnung, das Kind werde es einst besser haben, als sie selbst, hat zum Hintergrund den unbewußten „Wunsch", es möge sein ganzes Leben hindurch so bleiben wie es ist: nämlich vielsexuell. Das Kind ist also die vollkommenste Wunscherfüllung des Menschen und die Lust, die es den Eltern verschafft, ist bedingt durch die Aufhebung einer Menge innerer Hemmungen, die das Kind durch seine Betätigung in den Erwachsenen überflüssig macht.*) Die Liebe des Kindes aber ist die Schätzung der Objekte, die Lust liefern; denn alle „Liebe" ruht im Grunde auf der frühern Bisexualität und ist daher immer Selbstliebe. Die Liebe zu den Eltern wurzelt in den inzestuösen Neigungen des Kindes.

Am Weibe lernte der Mann, die Außendinge nach seinem Willen zu gebrauchen. Mit Hilfe der, durch sexuelle Ziele und zum Zwecke der Erhaltung des Lebens, an besondern Stellen aus der überall erregbaren Haut differenzierten Sinnesorgane (Sinnlichkeit) entwickelte sich der Verstand: der Mensch lernte, die Dinge zu seinem Lusterwerb zu gebrauchen. *Entwicklung des Verstandes.*

Auch die Anfänge der Sprache dürften in die Periode der strengern Scheidung männlicher und weiblicher Charaktere zu verlegen sein. Der ursprünglichste Laut war wohl der Schrei des besiegten Widerstandes (etwa der Beute) und später der lustvolle Schrei des überwundenen Weibchens, das nur der Besiegung geharrt hat. Die verdrängte Libido, die der Passivität des weiblichen Individuums erst den Charakter des Widerstandes verleiht, wird frei, sie schlägt in Aktivität („Sünde") um, wenn die innern Hemmungen durch das Männchen aufgehoben werden; ein Teil der freiwerdenden Besetzungsenergie wird überflüssig und drängt momentan zur Abfuhr im Schrei. Diesen Schrei versuchte dann das männliche Individuum nachzuahmen, wenn es das Weibchen anlocken wollte. Später differenzierte sich der Laut zum Ausdruck anderer überschußfähiger Regungen, dann von Gefühlen überhaupt; das Gefühl wird in das Wort ausgegossen, der Affekt wird daran abreagiert: die Stimme *Der Ursprung der Sprache.*

---

*) Vgl.: Der Witz und seine Beziehung zum Unbewußten.

24

ist gleichsam die Seele der Worte. Endlich erweiterte sich die Verwendung des Lautes, aus Ersparnis an Aufwand, zum Ersatz für Gefühle überhaupt, sie wurde konventionelle Zeichensprache.

Entwicklung der Vernunft. Mit dem Vermögen der Sprache und ihrer Ersetzungsfähigkeit erschloß sich dem Menschen eine neue Quelle der Lust, die Vernunft. Bei der Erfassung der Dinge durch den Verstand mußte er sich vor den Körper stellen und ihn auf die Sinnesorgane einwirken lassen, bis er ihn zu seinen Gunsten, zum Lusterwerb, gebrauchen lernte; denn alle Kulturgegenstände haben zunächst nur insofern Beziehung zum Menschen, als er durch ihre Überwindung der Beherrschung durch sie entgeht, und so durch Verhütung von Unlust Lust gewinnt. Die Vernunft nun ermöglichte es dem Menschen, sich den Körper, bloß indem er ihm geschildert wurde, indem er von ihm hörte (vernehmen: Vernunft), in Erinnerung der vom Verstande aufgefaßten ähnlichen Data vorzustellen, was einen bedeutend geringern Aufwand erforderte und einen lustvollen Überschuß ergab, denn die wirkliche Überwindung des Körpers, seine Beherrschung durch den Verstand, wurde dabei vorausgesetzt.

Entstehung und Zweck der Kultur. Der Entwicklung dieser Fähigkeit kamen von der andern Seite die wachsenden äußern Widerstände entgegen, die die Ausgestaltung der Vernunft förderten. Die abgeschwächten Triebe, deren Libidobeitrag zugunsten der Heterosexualität herabgesetzt worden war, verlangten nach Befriedigungen, die mit geringern Aufwänden zu erkaufen waren und begnügten sich mit minder lustvollen Betätigungen, die aber nicht eindeutig bestimmt waren, sondern nebst dem Erwerb von Nahrung und von Gütern, die die Erlangung des erstrebten Sexualobjekts erleichterten, später auch zwischen Mann und Weib, zwischen Begehren und Erlangen immer neue äußere Widerstände einschalteten, deren stete Überwindung die Lust der endlichen Befriedigung erhöhte: mit dem Weibe begann die Kultur, deren Zweck die Erhaltung des „seelischen" Gleichgewichtes durch „körperliche" Tätigkeit ist. Das Weib selbst als dauernder äußerer Widerstand bleibt unverändert, während der Mann wegen der bei ihm vorherrschenden Aktivität zum Kulturträger wird. Mit dem Weibe hatte die „Untätigkeit" des Menschen ein Ende; er hatte den unbewußten Urzustand der Allsexualität [„das Paradies"*)] verloren und im Bestreben, ihn trotz des Weibes wieder zu erlangen, ist sowohl der Grund für die Entwicklung des Fortpflanzungstriebes (Assoziation) nach der Differenzierung der Geschlechter, als auch des durch die gesteigerte Kultur unterstützten Wiedererwachens aller Perversionen (Dissoziation) zu suchen, die sich neben dem Fortpflanzungstrieb erhalten und sich sofort an seine Stelle drängen, wenn aus irgend einem Grund das Zustandekommen des Kompromisses gehindert wird.

Die Vernunft ist ein neuerlicher Versuch, zur Unabhängigkeit von den Außendingen zu gelangen; sie hat entschieden „autoerotischen" Charakter. Mit der durch die wachsenden Widerstände bedingten Übertragung der Vernunfterregung auf alle Sinnesorgane und mit der weitern Emanzipierung von ihrem unmittelbaren Einflusse überhaupt, bildete sich die Vernunft aufs höchste aus; die Vorstellung begann als Welt zu fungieren. Die Befriedigung, die den unterdrückten Trieben von der Realität versagt wurde, verschaffte ihnen die Phantasie, als die Erfüllung der an die Vernunftvorstellung — die selbst schon Wunscherfüllung des Verstandes ist — anknüpfenden Wünsche, die auf Überwindung der Widerstände hinauslaufen. Diese Art der Erfüllung hat den gleichen Effekt, wie die ursprüngliche Befriedigung der ungeschwächten Triebe an den Objekten, denn die Triebe, denen die Sexualprämie herabgesetzt worden war, hatten sich den kulturellen Widerständen angepaßt und sich an ihnen zu „Wünschen" abgeschwächt, so daß ihnen nun auch scheinbar asexuelle Befriedigungen genügten. Auf dem Grunde jedes Wunsches ruht also einer der unterdrückten Triebe, der sich unter diesem Schutze seine Befriedigung verschaffen will, und jede Wunscherfüllung ist gleichsam eine Vorlust, die unbewußt die Auslösung der ungleich höhern Endlust bewirkt; die Endlust aber entspricht der realen Befriedigung des Triebes. Wünsche sind also konventionelle Ersatzbildungen, bewußte Ausdrücke für unterdrückte Triebe. Diese Triebe, die das

Wesen der Phantasie.

Zurückführung der Wünsche auf Triebe.

---

*) Vergleiche in der Psychopathologie des Alltagslebens die Auflösung der Mythologie in Psychologie des Unbewußten (siehe Einleitung).

Fundament des Unbewußten bilden und die Tendenz zur libidinösen Betätigung (Sexualbetonung) haben, sind infolge der gegensätzlichen Beeinflussung durch die weitere Unterdrückung (Sexualentziehung) gezwungen, immer neue Ausdrucksmittel zu suchen und hinterlassen so ihre Spuren im Bewußtsein. Der Träger dieser bewußten Vorstellungen ist eine bei diesem Prozeß entstehende variable Innervation, die Aufmerksamkeit, die das Bewußtsein gleichsam über Wasser erhält. Im Bewußtsein sind die ursprünglichen Triebe nicht mehr zu erkennen, denn es ist zu ihrem Ausdruck auf die durch den Verstand aufgefaßten Data der Außenwelt angewiesen und ist also im normalen Menschen rein konventionell. Hinter dieser Verhüllung (Verschiebungen, Ablenkungen, Ersatzbildungen) leiten diese Triebe das gesamte Tun und Denken des Menschen und prägen allen seinen Lebensäußerungen den Stempel der innern Einheitlichkeit auf. Sie reißen ihrerseits wieder alles an sich, was vom Bewußtsein her, wenn es an den Außendingen (Kultur) Widerstände findet, der Verdrängung unterliegt und erhalten so die Bahnen stets nach beiden Richtungen gangbar, durch die Bewußtsein und Unbewußtes zusammenhängen, auf denen eines aus dem andern in fortwährendem Wechsel hervorgeht. Bei der bewußten Verdrängung wirkt dann die Vorstellung gleichsam als Hebel, der den „unbewußten" Trieb, wenn er sich wieder regt, in der Unterdrückung erhalten soll.

Die Aufmerksamkeit — der Träger des Bewußtseins.

Die Affekte entstehen, wenn unterdrückte Triebe entweder durch rein innerliche Besetzungsverschiebungen oder durch die Vorstellungshebel von außen her geweckt werden und das psychische Gleichgewicht stören, kurz aus dem jeweiligen Verhalten der verschiedenen unbewußten Strebungen gegeneinander. Beim normalen Individuum fixiert sich im Laufe der Entwicklung die Konstellation der psychischen Kräfte: gewisse Triebe sind dauernd unterdrückt, die Erregungen besetzen immer dieselben ausgefahrenen (χαράσσω) psychischen Bahnen, das Gleichgewicht ist ziemlich gesichert und gelingt es dennoch, es zu stören, so entsteht ein schwacher Affekt, der seine gewohnheitsmäßige Abfuhr findet: der Mensch hat Charakter. Die Abhängigkeit des Charakters vom Triebleben offenbart sich darin, daß jedem abnormen Charakter (z. B. den sogenannten Sonder-

Entstehung der Affekte.

Begriff des Charakters.

lingen) eine abnormale sexuelle Entwicklung zugrunde liegt. Aber auch bei späterer nervöser Erkrankung Normaler werden die Erregungen von den gewohnten Bahnen abgedrängt. Die Libido muß nun der Überwindung des von ihr selbst geschaffenen Widerstandes — des Weibes — immer sicher sein, da er sonst, im Gegensatz zu seiner Bestimmung, Unlust verursachen könnte. Das Streben nach dieser Beherrschung des Widerstandes zeigt sich deutlich in der bei allen Völkern übereinstimmenden sozialen Stellung des Weibes, die in dem geschlechtlichen Verhältnis begründet ist. Die erste Form des „normalen" Geschlechtsverkehrs, die Polygamie, war eine Folge der Vielsexualität. Aus dieser Art der normalen Sexualbetätigung, die der Libido verschiedene Widerstände bietet und daher die stärksten Aufwände erfordert, entwickelte sich mit dem Fortschreiten der Sexualverdrängung die Monogamie, als eine Herabsetzung des Widerstandes und eine Verminderung der Aufwände, aus der dann im weitern Verlaufe der Verdrängung die äußerste Widerstandslosigkeit, die Ehe, wurde.*) Die konstant fortgeführte Unterdrückung brachte das Weib schließlich zum sklavischen Gehorsam, zur steten Bereitwilligkeit, wodurch die Lustwirkung bedeutend abgeschwächt wurde. Da aber der Widerstand unter keiner Bedingung selbständig werden darf, so schalten sich zur Lusterhöhung zwischen Libido und Befriedigung neue — konventionelle — Widerstände ein: in dem Bedürfnis nach diesen Widerständen trifft die Mehrzahl der Individuen zusammen. Die Widerstände können aber, durch äußere und innere Ursachen, anfangs für einzelne, später für viele, über das Maß ihrer Bestimmung hinausgehen und sich der Überwindung widersetzen; sie werden dann nicht mehr als Reiz und Ansporn wirken, sondern als Hindernis auf dem Wege zum Sexualziel. Kann die Libido darüber nicht hinwegkommen, bleibt sie gleichsam daran haften, so entsteht eine sogenannte Fixationsperversion. Die bekannteste dieser Perversionen ist der Kleiderfetischismus, wobei der Fetisch das

Entwicklungsformen des normalen Geschlechtsverkehrs.

Mechanismus der Fixationsperversionen.

---

*) Die Formel für die Ablehnung des Widerstandes ist die vom Manne über das Weib verhängte Strafe: „dein Wille soll deinem Manne unterworfen sein, und er soll dein Herr sein." 1 Mose 3, 16. Auch Zoroaster und Confucius lehren, daß der Mann Herr über das Weib sei.

frühere Sexualziel verdrängt hat,*) während im normalen Falle eine entsprechende Bekleidung des Sexualobjekts als Reiz zur Erreichung des normalen Sexualzieles wirkt. Kann aber der Widerstand, wenn auch nach längerem Verweilen, doch noch überwunden werden, so will der Mann, wenn er das Sexualobjekt endlich erreicht hat, an diesem selbst keine Widerstände mehr, da er zu ihrer Überwindung keines Aufwandes mehr fähig ist. Die Überwindung der kulturellen Widerstände kostet ihn nun bei seiner hohen Sexualverdrängung schon so viel Aufwand, daß ihm nicht einmal mehr ein Weib ohne jeden äußern Widerstand (Ehe) genügt, sondern daß er eines Weibes auch ohne innern Widerstand — der Dirne — bedarf, die ihm jeden Aufwand erspart, indem sie den verschiedenen Perversionsneigungen entgegenkommt. Durch die fortschreitende Sexualverdrängung ist also der Mann genötigt, um doch noch einer annähernd normalen sexuellen Betätigung fähig zu sein, die Dirne zu fordern, deren Entstehung vom Weibe her durch die polymorph perverse Veranlagung des Menschen begünstigt wird. Das Verhältnis des Weibes zum Manne hat sich also in den einzelnen Kulturperioden, je nach der Beschaffenheit des Mannes, nach dem Widerstande, dessen die Libido bedurfte, geändert, und auch „die Mode" wurzelt daher tief im Wesen des Weibes.

Das Weib lehrt nun, daß psychische Unterdrückung (Erhaltung des Widerstandes) in inniger Beziehung steht mit sozialer, ja diese im Gefolge hat, so wie überhaupt in der Gesellschaft sich analoge Verhältnisse bilden, wie in den Individuen, die selbst gleichsam einzelne unterdrückte Mächte des Volkes repräsentieren, die ins Bewußtsein hinauf wollen. Der psychische Apparat verdankt seine Ausgestaltung, die sich mit unbewußter Notwendigkeit vollzog, lediglich dem Streben nach Gewinn von Lust und nach Verhütung von Unlust, nach Abwendung von Not, die an den Menschen mit der höhern Kultur, die selbst wieder einer Abwehr innerer Not entspringt, immer drängender herantrat. Die Ausgestaltung der Psyche hatte eine Komplizierung des ganzen Mechanismus zur Folge, über dessen wunderbare Leistungen der Mensch staunte. Er konnte sich

---

*) Sexualtheorie.

diese Wirkungen nur aus der Betätigung ähnlicher überirdischer Wesen erklären, wie er sie hinter den elementaren Mächten vermutete, denn auch den Kräften in seinem Innern mußte er sich wie einer Naturkraft beugen. Die Naturgötter aber hatte er nur vermocht, sich als Wesen vorzustellen, die ihm ähnlich, die aber zugleich mächtiger als er selbst und ihm überlegen waren. Nach Analogie dieser Götter dachte er sich nun auch die Macht, die seine gesamte Tätigkeit lenkte: er schuf sich den Gott nach seinem Ebenbilde, er nannte sein Unbewußtes Gott und rechtfertigte es auf diese Weise. Aber wie er sein Unbewußtes mißverstand, so verkannte er auch die vom Unbewußten veranlaßte und geleitete Kultur; als er ihre wohltätige Wirkung bemerkte, begann er, die Kultur für den eigentlichen Zweck und ihre höchste Vervollkommnung für das Ziel des Universums zu halten; er sah hier, wie in allen wesentlichen Dingen, das Mittel für den Zweck an, er hielt die Vorlust für die Endlust (Wahn). Mit dieser Auffassung änderte sich aber sein Verhältnis zur Kultur; sie wurde eine selbständige Macht, sie bekam gleichsam die Oberhand über den Menschen, und das Streben nach Lust verbarg sich hinter der Forderung höhere Kulturwerte zu schaffen. Unter diesem Vorwand werden Triebe, die früher in hohem Ansehen standen, als Hindernisse der gemeinschaftlichen Kulturtätigkeit, gewaltsam von außen her unterdrückt, und die dadurch frei werdende Libido muß andere Arten der Befriedigung suchen. Die Menschen, in denen diese Triebe noch stärker sexuell betont sind, unterdrücken die andern; die Stärkern herrschen nun und betätigen zum Teil darin selbst, zum Teil in den Freiheiten, die sie sich gestatten, diese Triebe, während die Knechte die Arbeit verrichten und ihre geschwächten Triebe in dieser Tätigkeit „entladen", die schon das Symptom des Leidens an sich trägt, so wie überhaupt in den Unterdrückten die weiblichen Charaktere (Passivität) hervortreten. Die bei den Schwachen durch ungünstige soziale Verhältnisse gehemmte „normale" Betätigung der Triebe schlägt infolge der dadurch bedingten Sexualverdrängung (Entziehung von Libido) in Passivität, in Weiblichkeit, in Tugenden, um, die Gegensätze der ursprünglichen, von den Schwachen nun „Laster" genannten Triebe zu

Entstehung des Gottesbegriffs.

Sexuelle Wurzel der Tugenden.

sein scheinen, die aber in Wirklichkeit nichts anderes sind, als Versuche, die einzige letzte Möglichkeit auszunützen, die diesen Trieben noch zur Betätigung bleibt. (Aus der Not eine Tugend machen.) Die Tugenden gestatten aber nur eine geringe libidinöse Besetzung; der Rest wird ins „Unbewußte" verdrängt, unterdrückt; er wird psychisch und kann sich weiter ins Geistige sublimieren. So wurde die, der normalen Männlichkeit eigene Grausamkeit, der Trieb, andern Wesen zur Erzielung eigener Lust Schmerz zuzufügen, deren allgemeinste Äußerung das Fressen ist und die jedem Überwinden zugrunde liegt, bei den Unterdrückten zur „Tugend": sie schlug in Mitleiden (weiblich) um. Da den Schwachen die Möglichkeit genommen ist, andern Wesen Leid zuzufügen, so wird der Trieb weiter abgeschwächt, es wird ihm Sexualität entzogen, während er bei ausgebreiteter Betätigung, also überstarker Sexualbetonung — bei den Unterdrückern — zum Sadismus (aktive Perversion) wird. Der Mitleidige läßt andern Wesen Schmerz vom Grausamen zufügen und imaginiert sich dann an dessen Stelle — wie er sich vorher an die des Leidenden versetzte — was einen viel geringern Aufwand erfordert als eigene Grausamkeit und den gleichen Effekt liefert. Das Mitleiden bewahrt aber auch zunächst den Schwachen vor dem eigenen Leiden, das in der Wahrnehmung von Widerständen wurzelt, die nicht überwunden werden können; im Mitleidenden wird der Aufwand, den er zur Überwindung des Widerstandes mit dem Leidenden mitmacht, überflüssig und erzeugt durch Vergleichung mit dem Leidenden, der ihn nicht überwinden kann, Lust. Das Mitleiden gewährt also eine doppelte Ersparnis: an Betätigung der eigenen Grausamkeit, die unmöglich ist und an dem Aufwande, der im Bestreben zustande kommt, doch noch grausam zu sein, sich an die Stelle des Grausamen zu imaginieren; der Mitleidige genießt also Lust gleichsam ganz umsonst, als Zuschauer. — Bei stärkerer Sexualentziehung kann auch dieses letzte Aufgebot an Grausamkeit nicht mehr gemacht werden: der Mitleidige leidet dann wirklich mit, genießt aber doch in diesem Scheinleiden die Lust der Befriedigung seines Grausamkeitstriebes. Als dann mit der fortschreitenden Unterdrückung alle gemeinsam litten, war das Mitleiden, dieses Leiden im Schlepptau, unmöglich, und die weitere Sexualverdrängung, die diese Unterdrückung zur Folge hatte, bewirkte, daß nun selbst das eigene Leiden fähig war, der eigenen Grausamkeit Befriedigung zu gewähren (**Masochismus**: passive Perversion). Ist die höchste Sexualablehnung bei diesem Triebe erreicht, so kann selbst die Zufügung des Schmerzes mit eigener Hand, die Autograusamkeit, Lust gewähren (Fakire, Hysteriker), die sich dann beim Neurotiker bis zum „Trieb" nach Selbstvernichtung, dem Gegensatze aller Triebe, die ja der Erhaltung des Lebens dienen, steigern kann. Dem Selbstmörder genügt die Verdrängung einzelner bewußter Vorstellungen nicht; er will von allen seinen peinlichen Gedanken befreit sein, er will sein ganzes Bewußtsein, gleichsam sich selbst, unbewußt machen: er tötet sich. — Die Tendenz des Masochismus, die Verschmelzung zweier gegensätzlicher Strebungen, die sich aneinander befriedigen, in einem Individuum, zur Bisexualität und zum Autoerotismus ist unverkennbar. Masochismus ist gleichsam Automitleiden (Märtyrer) und auf diesem Umwege wieder Befriedigung des aktivperversen Grausamkeitstriebes, des Sadismus.

Entwicklung des Masochismus.

Erklärung des Selbstmordes.

Infolge der frühern Bisexualität sind nun im „eingeschlechtlichen" Menschen alle Triebe so angeordnet, daß durch Beeinflussung der als normal angenommenen Betonung, die theoretisch bei der Differenzierung der Geschlechter resultieren sollte, sich je nach dem Grade der Sexualverstärkung oder Sexualentziehung bei jedem Triebe eine Menge von Abstufungen ergeben können, die von der höchsten Steigerung der Betonung, der aktiven Perversion, über das Gleichgewicht im „normalen" Manne („Laster") zum scheinbaren Gegensatz im „idealen" Weibe, zur Tugend, und von da über die passive Perversion und die Neurose bis zur Selbstaufhebung reichen, und die eine Unzahl von Zwischenstufen und Mischbildungen aufweisen. Es gibt jedoch im Verhältnis zur anscheinenden Mannigfaltigkeit der Triebe nur sehr wenige solcher Reihen, da sich die meisten Triebe und Charaktereigenschaften, die man für selbständig hält, als Zwischenstufen einer solchen Reihe enthüllen.*) Im

Theorie der Triebreihen.

---

*) Eine andere durch fortgesetzte Sexualentziehung entstandene Reihe wäre: **Aggression** (sexuell: Vergewaltigung): die positive Überbetonung (aktive Perversion). — **Mut** (gleichsam die latente Aggression): männlich. —

perversen Individuum können zwei zusammengehörige Perversionen einer Reihe, die positive und die negative Perversion, auch nacheinander auftreten; gewöhnlich herrscht eine vor; die andere kann sich unter Umständen nach erfolgter Befriedigung der ersten als letzte Möglichkeit weitern Lustgewinnes als eine Art von Gewissen (neuerliche Sexualentziehung) einstellen; meist tritt sie aber bei verhinderter Befriedigung der ersten ein, die sich im Sexualobjekt getäuscht hat: der Trieb versucht dann, auf die entgegengesetzte Weise Befriedigung zu erlangen. Die Tugend aber, die zwischen den beiden Perversionsneigungen steht, ist nichts anderes als die letzte noch gänzlich unpathologische Zuflucht des „Lasters", des bei den Unterdrückten in Verruf gekommenen „Normalen", der Last, die nun an jeder Tugend als Gegengewicht hängt und deren Überwiegen, Durchbrechen (Verbrechen) des Gleichgewichtes in irgend einem Akte, also die bereits verpönte und dennoch versuchte Sexualbetonung, als Sünde (männlich) empfunden wird, während das Streben nach Wiederherstellung des frühern Zustandes, die neuerliche Sexualentziehung, das Gewissen (weiblich) bei den Schwachen für tugendhaft gilt. Das „normale" Weib ist nun gleichsam die Personifikation aller bis zur „Tugend" sublimierten Triebe; es ist die letzte, noch nicht pathogene Station im Verdrängungsprozeß des Menschengeschlechtes, der Wendepunkt der Entwicklung. Aus diesem Grunde neigt aber das Weib sehr zur Neurose; denn sein Wesen selbst ist bedingt durch eine Menge verdrängter Libido (Sexualentziehung); es bedarf nur eines geringen Anstoßes, um das fein abgestimmte Gleichgewichtsverhältnis zu stören und das Fortschreiten auf dem angebahnten Wege, zur Neurose, zu bewirken, während durch starke sexuelle Betonung einzelner Triebe das Weib sich dem männlichen Charakter nähert (Dirne).

Beim Verbrecher werden unterdrückte Triebe motorisch mächtig.

Sünde und Gewissen.

Scheu: weiblich. — Furcht (vor Aggression): Negativ der Überbetonung. — Angst (infolge hoher Sexualablehnung): Neurose. — Todesangst: bei der Selbstaufhebung. — Höhere, gleichsam intellektuelle Sublimierungen wären: der Aggression — Zorn. Des Mutes — Tapferkeit, Keckheit. Der Scheu — Bescheidenheit, Schüchternheit. Der Furcht — Feigheit.

Eine dritte Reihe findet man im zweiten Teil meiner Arbeit beim Erkenntnistrieb, p. 39.

Im Manne dagegen suchen sich die unterdrückten Triebe, infolge der vorherrschenden Aktivität, zunächst immer neue gestattete Auswege („Fähigkeiten"); sie betätigen sich in verschiedener Weise zu mehrdeutigen Zwecken und schaffen so eine hohe Kultur, durch deren Vorteile die Unterdrückten die Herrschenden unterwerfen. Um mit den Gegnern rivalisieren zu können, müssen nun die ehemaligen Unterdrücker diese Kultur annehmen und zu diesem Zweck die gleichen Triebe ausrotten, wie die Kulturschöpfer, so daß schließlich alle zu Knechten werden, und die Kultur herrscht. An dem Volke tritt dann immer stärker die weibliche Seite hervor; die anfangs noch aktive Kulturtätigkeit weicht einer rein passiven, durch hohe Sexualverdrängung bedingten Untätigkeit. Das Volk wird zum Weibe im schlechten Sinne, und da die kulturellen Reizmittel erschöpft sind, so werden nun die innern Widerstände gesteigert, bis das Volk schließlich „hysterisch" wird. Durch die höchste Sexualablehnung wird das komplizierte „Psychische" zu seinem Ursprung, ins Physische, zurückgedrängt; es fährt — ohne Umweg — wieder in den Körper zurück, aus dem es durch Verdrängung hervorgegangen war. Es vollzieht sich hier mit unbewußter Naturnotwendigkeit am ganzen Volke eine ähnliche Reversion aller „Affekte", wie sie die von Breuer und Freud[*]) eingeführte kathartische Methode zur Heilung der Hysterie im einzelnen zielbewußt zu erreichen trachtet; während aber bei der individuellen Reversion eine Art Wiedergeburt des einzelnen eintritt, die ihn mit einemmal in eine hohe Bewußtseinssphäre hinaufhebt, wird bei der ungeheuern allgemeinen Reversion eines Volkes die Menschheit gleichsam in eine neue Periode ihrer Kindheit zurückversetzt: ein kräftiger primitivpsychischer Naturstamm verdrängt das hochstehende geistige Kulturvolk. Das junge Volk aber wird sich in der Überwindung des andern seiner eigenen Kräfte erst bewußt und beginnt, sie zu entfalten.

Die gesamte Kulturentwicklung jedes Volkes ist begleitet von einem fortschreitenden Bewußtwerden des Unbewußten, und die Kunstwerke der verschiedenen Kulturperioden

---

[*]) Studien über Hysterie.

34

der einzelnen Völker repräsentieren am deutlichsten den jeweilig erreichten Grad des Bewußtseins, den aber erst spätere Geschlechter ahnen und die nachkommenden Generationen erkennen, denn die einander folgenden Völker erheben sich in immer höhere Bewußtseinssphären.

Die Kulturentwicklung der großen historisch bekannten Völker bewegte sich, als Ganzes betrachtet, vom „Urzustand" bis zur Hysterie: von der „Allsexualität" bis zur Antisexualität, bis zur stärksten Sexualablehnung; zwischen diesen beiden Polen aber lag bisher die gesamte kulturelle Tätigkeit des Menschengeschlechtes. Die Kunst nun — Philosophie und Religion eingerechnet — ist der höchste Ausdruck dieser Tätigkeit, sie ist gleichsam der Gipfel, von dem die Kultur nach beiden Seiten hin abfällt. Die Kunst entwickelt sich vom kindlichen Traum bis zur überweiblichen Neurose und erreicht ihren Höhepunkt in den Zeiten der höchsten psychischen Not, wo das Volk über dem Abgrunde der Hysterie, mit der bewundernswerten Virtuosität eines Nachtwandlers balanciert.

Die künstlerische Sublimierung.

> Es ist erstaunlich, wie weit man alle menschlichen Triebe auf einen einzigen zurückführen kann.
>
> Hebbel.

Da nach der Differenzierung der Geschlechter gewissen Trieben allmählich immer mehr Libido zugunsten des normalen Geschlechtstriebes entzogen wurde, so mußten die Sexualreste, die diesen Trieben verblieben, stets andere Betätigungen suchen, deren Zweck mit der fortschreitenden Sexualverdrängung undeutlicher und verhüllter wurde: die Triebe sublimierten sich. Das primitive psychische Kräftespiel wurde immer reicher und komplizierter, bis es schließlich die wunderbaren und seltsamen künstlerischen Produkte entstehen ließ, die, obwohl sie mit den ursprünglichen, rein sexuellen Äußerungen der Triebe oberflächlich keine Ähnlichkeit zeigen, dennoch mit ihnen zusammenhängen und tief in ihnen wurzeln.

Die Triebe, die in Beziehung auf die Funktionen der Fortpflanzung bei Mann und Weib pervers genannt wurden, stellten der fortschreitenden Unterdrückung durch den normalen Geschlechtstrieb Widerstände entgegen, da sie ihre Selbständigkeit nicht aufgeben wollten. Dieser Konflikt der Triebe im Verein mit der später infolge der Steigerung der äußern Widerstände erschwerten Erlangung der Sexualobjekte, nötigte das Unbewußte, sich des Kompromißmechanismus, jedoch mit immer geringern innern Aufwänden, in verschiedenen Formen wieder zu bedienen und so die einander widerstreitenden Triebe, die sich allmählich zu Wünschen abgeschwächt hatten, von Zeit zu Zeit zu befriedigen. Das erste Glied in der Reihe dieser psychischen Kompromißbildungen ist der Traum.*)

---

*) Vergleiche die Traumdeutung.

Mit der fortschreitenden Sublimierung des Psychischen wurde der Traum, in dem sich die Triebe häufig ganz schamlos gebärdeten, immer intellektueller, geistreicher, witziger in der Verkleidung seiner Absichten. Aber die durch Abschwächung der Triebe verminderte Leistungsfähigkeit bewirkte, daß der einzelne immer geringerer psychischer Aufwände fähig wurde, *Der Mythos —* bis sich die Gesamtheit im Versuche der unbewußten Traumnach-
gleichsam ein ahmung, im Mythos, eine gemeinsame Abfuhr für ihre Affekte
Massentraum. schuf. Die Kunst war anfangs ein gemeinschaftliches Produkt und ursprünglich die automatische Verwertung des Kompromißmechanismus, dessen sich das Unbewußte zur Erzielung ähnlicher Wirkungen, jedoch mit weit geringern Aufwänden, bediente; die einzelnen Künste aber sind mißlungene Versuche, etwas dem ganzen Traum Ähnliches zu gestalten.

Die konstant fortgeführte Unterdrückung gewisser Triebe und die Bevorzugung anderer, deren gegenseitiges Verhältnis schließlich bei einer immer größern Anzahl der Nachkommen zur zweiten Natur geworden war, nötigte die Individuen zu noch geringern Aufwänden und drängte die Empfindung der höchsten Not in einzelnen Menschen zusammen, in denen die
Der Konflikt beiden Naturen noch im Kampf miteinander lagen. Den Kon-
im Künstler flikt nun, der den Normalen nicht zum Bewußtsein kommen kann, weil er von ihnen allgemein und objektiv empfunden und die Erregung, die diese Empfindung auslöst, im Traum (unbewußt) abgeleitet wird, den verspüren diese Individuen, die Künstler, auf ihr „Ich" projiziert in seiner höchsten individuellen Potenz, wenn er schon überreif für den Traum, aber noch nicht pathogen geworden ist, und suchen sich in Kunstwerken, die zunächst an die Form des Mythos
Psycho-thera- anknüpfen, davon zu befreien. Sie geben damit zugleich dem
peutische Wir- Volke, dessen Bedürfnis nach dem Kunstwerk mit dem des
kung des Kunst- Künstlers parallel läuft, aber nicht so intensiv ist, Gelegen-
werkes. heit, ohne eigenen Aufwand den gleichsam noch unreifen Konflikt im Keime zu ersticken und so aus der Kunst Lust zu ziehen; denn einzelne Besetzungsaufwände, die zur Erhaltung der innern Hemmungen im normalen Kulturmenschen erforderlich sind, werden für die Zeit des Kunstgenusses ganz überflüssig und bedürfen nachher für eine Weile geringerer Aufwände zu

ihrer Erhaltung. Das individuell produzierte Kunstwerk erspart also dem Empfangenden die eigenen Aufwände, die er zeitweilig zur Entlastung seiner innern Hemmungen im Traum und in der „gemeinschaftlichen" Kunst machen müßte und ist zugleich im doppelten Sinne prophylaktisch: es greift der Gefahr der Steigerung des Konflikts im „Unproduktiven", seinem Künstlerwerden vor, so wie es beim Künstler selbst wieder der Neurose vorbeugt. Der Künstler steht in psychologischer Beziehung zwischen dem Träumer und dem Neurotiker; der psychische Prozeß in ihnen ist dem Wesen nach gleich, er ist nur graduell verschieden, so wie innerhalb der künstlerischen Begabungen selbst. Die höchsten Formen des künstlerischen Menschen — der Dramatiker, der Philosoph und der „Religionsstifter" — stehen dem Psychoneurotiker, die niedrigsten Formen dem Träumer am nächsten. Der Philosoph behandelt sein Leiden ziemlich „objektiv", er ist gleichsam der Zuschauer, der Dramatiker lebt es mit seinen Gestalten durch — er ist dem Schauspieler zu vergleichen — und der „Religionsstifter" erlebt es selbst: er ist der Hysteriker. Im Künstler herrscht wohl, im Gegensatz zum Träumer und zum Neurotiker, eine gewisse Aktivität vor, die seinem Wesen eine männliche Freudigkeit verleiht und ihm den Anschein des Krankhaften nimmt; aber das Übermaß von Passivität, das jeder Künstlernatur zugrunde liegt, prägt dem Produzieren das Symptom des Leidens auf. Der Künstler leidet sein ganzes Leben hindurch an dem Konflikt, für dessen Wahrnehmung der normal entwickelte Mensch schon in der Jugendzeit unempfindlich wird; der Künstler hat — wie der Träumer und der Neurotiker — „den infantilen Zustand der Sexualität beibehalten oder wurde auf ihn zurückversetzt". Er trägt gleichsam die Leiden für alle andern Menschen, ebenso wie es Hysteriker vermögen, „die Erlebnisse einer großen Reihe von Personen, nicht nur die eigenen, in ihren Symptomen auszudrücken, gleichsam für einen ganzen Menschenhaufen zu leiden und alle Rollen eines Schauspiels allein mit ihren persönlichen Mitteln darzustellen".*) Nur hat der Künstler diese Leiden weder „absichtlich", wie der Hysteriker, noch

Psychologie des Künstlers.

---

*) Traumdeutung.

freiwillig auf sich genommen, sondern er glaubt, die Menschheit habe sie ihm aufgebürdet, um sich selbst davon zu befreien: er verachtet die Menge.

Religion ist unbewußte Massen-Psychotherapie.

Steigt nun die Sexualverdrängung im Volke noch höher und toben die Leidenschaften innerlich so heftig, daß auch die „Kunst" zu ihrer Paralysierung nicht mehr ausreicht, so schaffen sich die „Unterdrückten" unbewußt eine Idealfigur des Künstlers; einen Menschen, der die Menge liebt, der alle ihre Leiden freiwillig auf sich genommen hat und sie allein durch seine Sühne (Aufwand) aus der Welt schafft, um dadurch die Menschheit gleichsam auf künstliche Weise in eine Art von Naturzustand zurück zu versetzen und sie von der Verlockung zur Sünde, die die Ursache dieser Leiden war — vom Willen zur Kultur, zum Lusterwerb — zu befreien. Die Triebe sind schon so weit abgeschwächt, daß die Erfüllung der Wünsche in ein Jenseits verlegt werden kann, wobei nur der Glaube an die Liebe, das heißt an die Existenz der Idealfigur, Hoffnung auf Genesung gewähren kann (Heiland). Religion ist also gewissermaßen eine psycho-therapeutische Massenkur, die das Volk zu seiner eigenen Heilung erfunden hat, ebenso wie die Kunst — eingerechnet Philosophie — eine ähnliche Kur ist,

Kunst ist unbewußte Individual-Psychotherapie.

die aber von einem Individuum erfunden wurde, und zwar nur für sich und eine beschränkte Anzahl von Leidensgenossen, deren psychische Konstitutionen gleichsam die Ansätze zu der Psyche des Künstlers bilden. Die Kur des Neurotikers dagegen muß individualisierend von Fall zu Fall durchgeführt werden: er ist der vollkommene Egoist, der „Religionsstifter", das Volk, ist sein Gegensatz, und der Künstler steht zwischen beiden, was die verschiedene Wertschätzung mit bedingt.

Die Empfindung von der strengen Determination aller Handlungen und Gedanken durch das Unbewußte führte den primitiven Menschen zum Glauben an eine höhere Macht, die

Entwicklung des Gottesgedankens.

alles lenkt und leitet, und das unbewußte Bestreben der Abwehr jeder Verantwortung für sein Tun, ließ ihn den Gott, der ihm im Busen wohnt, nach außen versetzen: der Mannigfaltigkeit seiner psychischen Strebungen entsprach in den ältesten Religionen auch eine Vielheit der Götter (Polytheismus). Mit dem allmählich fortschreitenden Bewußtwerden des Unbewußten verinnerlichte sich aber der nach außen versetzte Gott und in der idealsten Form der Religion, die wirklich nur im Glauben wurzelt, im Christentum, wird das Unbewußte schon als innere menschliche Macht geahnt; es wird aber doch noch für göttlichen Ursprungs, für den Sohn Gottes (Gottmensch) gehalten. In der persönlichen Religion Nietzsches endlich, wo der Atheismus einer ganzen Kulturperiode mächtig durchbricht, ist der Gott, mit dem Fortschreiten des Bewußtseins, der Sexualverdrängung, ganz individuell, allzumenschlich geworden; das Unbewußte wird als innerste Macht empfunden, und der Mensch selbst muß nun ein Gott, ein Übermensch, werden: er muß trachten, Herr seines Unbewußten zu sein. *Wesen des Übermenschen.*

Zu dieser Forderung führte die immer weiter fortschreitende Sexualverdrängung, zu deren Paralysierung die ideale Kur, der Glaube, nicht mehr ausreichte. Der Mensch wird mißtrauisch gegen jede Art von Idealismus, und dieses Mißtrauen schlägt schließlich in die Sucht nach Erkenntnis der Realität um: der Mensch verlangt Wahrheit um jeden Preis, glaubt nur, was er sehen und greifen kann und will mit dieser nüchternen Methode das „Wesen der Natur" ergründen, das heißt ins Individuelle übersetzt: sein Unbewußtes bewußt machen, um es auf diese Weise in seine Gewalt zu bekommen. Die Religion wird zur Wissenschaft. Der „Erkenntnistrieb", der ursprünglich als unbenannte Komponente der Begierde diente, tritt bei der Differenzierung der Geschlechter und normaler sexueller Betonung als Schaulust auf; später kann er, bei überstarker Sexualbetonung, die durch kulturelle Widerstände (Kleidung) bedingt ist, zum „aktiven" Exhibitionismus (Perversion) werden. Mit der Sexualverdrängung dagegen kann er sich, durch äußere und innere Widerstände abgelenkt, von der Schaulust zur Neubegierde abschwächen und dann in die Lust des Beschautwerdens übergehen; bei ungünstiger Beeinflussung schwächt er sich dann zur Zeigelust (passive Perversion) ab, und endlich kann er unter geeigneten Bedingungen beginnen, sich zu sublimieren: intellektuell zum Streben nach Wahrheit, moralisch zur Scham. Durch die Einwirkung absichtlicher Verdrängungen schlägt er aber in die Lüge um, die schon auf starke Sexualablehnung hinweist, bis *Ziel der Wissenschaft.* *Beispiel einer Triebreihe.*

er sich schließlich beim Neurotiker als Abwehr des Kernes aller Wissensbestrebungen, als „instinktive Flucht vor der intellektuellen Beschäftigung mit dem Sexualproblem"*) zeigt.

Als Erkenntnislust ist dieser Trieb der versteckte Wunsch, vom Zwange des Unbewußten loszukommen und die Triebe nach Einsicht der Vernunft zu regieren. Jeder Fortschritt in der Wissenschaft zeigt aber die unabänderliche Abhängigkeit des Menschen von diesen Trieben immer deutlicher und verursacht deshalb eine Steigerung der Leidensfähigkeit; denn das Leiden besteht in der Wahrnehmung von Widerständen, die nicht überwunden werden können: es ist also eigentlich verhinderte Lust.

Jede wissenschaftliche Entwicklung gipfelt im philosophischen System, so wie jede Kunstentwicklung mit erstaunlicher Konsequenz zum Drama und jede Volksentwicklung im besondern zum religiösen Dogma drängt. Und wie früher der Gott das Unbewußte rechtfertigen sollte, so soll es nun die Philosophie aus natürlichen Ursachen erklären; und wie der Dichter den individuellen Konflikt überwindet, indem er ihn zu einem allgemeinen macht, so befreit sich der Philosoph von seinen Leiden, indem er die eigenen Schwächen mit Recht als im Wesen aller Menschen begründete aufzeigt und so die Erkenntnis des Menschlichen überhaupt fördert. Der äußerliche Gott mit seinem Lobe der Schöpfung: und siehe da, es war sehr gut, ist ein schwerer Irrtum gewesen, ein Ausdruck jener ungeheuerlichen „Umkehrung der Affekte" (Abwehr), mit der alle menschliche „Erkenntnis" einsetzt; und erst die Philosophie brachte es in viel tausendjähriger Arbeit endlich in Schopenhauer zur Umwertung aller psychischen Werte im Groben: des Menschen „Wille" ist der lange gesuchte Gott, der alles lenkt und leitet, und nun darf sich der Mensch vermessen, das Urteil über die Welt zu fällen: und siehe da, es war sehr schlecht.

Jede Erkenntnis ist der Versuch der Abwehr einer Verantwortung, einer Schuld, die Aufzeigung einer Notwendigkeit, die Aufhebung eines wohltätigen Wahnes, seine Umwertung im wahren Sinne, in seinen Gegensatz. Dieser Wahn, der sich dem Erkenntnistrieb überall entgegenstellt und die Erforschung der

---

*) Sexualtheorie.

Ursachen zu verhindern sucht, kann nur von jedem einzelnen durch eigene schmerzliche Erfahrungen überwunden werden. Aber der Erkenntnistrieb selbst ist auch nur ein Mittel, ein Wahn; er ist der Notausgang eines unterdrückten Triebes, dessen sublime Betätigung die Auslösung innerer Hemmungen, die Befriedigung des ursprünglich stärker sexuell betonten Triebes als Endlust bewirkt, während der Freude an der Form die Vorlust entspringt. Die Entladung der Affekte in diese Form (Stoff, System, Dogma) sowie die peinliche und übergroße Sorgfalt, die der Künstler auf die Anordnung des Ganzen sowie auf manche unwichtige Einzelheiten verwendet, sind Verschiebungen der psychischen Intensität, deren sich der Vorlustmechanismus bedient. „Die Vorstellungsinhalte haben Verschiebungen und Ersetzungen erfahren, während die Affekte unverrückt geblieben sind."*) (What's Hecuba to him, or he to Hecuba, that he should weep for her? Hamlet.)

Werden aber die Affekte durch äußerste Sexualablehnung ganz von den unverträglichen Vorstellungen abgelöst, so entsteht die Neurose. Jede nervöse Erkrankung wird verursacht durch „Psychisches", das wieder zu seinem Ursprung, zum „Physischen" zurück will. Bei der ausgeprägtesten Form der Psychoneurosen, bei der Hysterie, fährt es, gleichsam zur Rache, auf falschen Wegen in den Körper: die Affekte werden konvertiert und verursachen Störungen. Im Hysteriker trifft die höchste, vielseitigste Libido (Allsexualität) mit der stärksten Sexualablehnung (Antisexualität), den höchsten Widerständen, zusammen; in ihm berühren sich gleichsam die beiden Pole der Kultur und aus diesem Aufeinanderprall gehen als Kompromiß die Krankheitssymptome hervor. Der Neurotiker empfindet den Konflikt zwischen der ersten und zweiten Natur in seiner ganzen kulturellen Wucht als einen persönlichen Zwiespalt, dem seine psychischen Kräfte natürlich nicht gewachsen sind; er weiß sich nur dadurch zu helfen, daß er den Konflikt überhaupt abzuleugnen, die Wahrnehmung aus dem Bewußtsein zu verdrängen sucht. Der Neurotiker will gleichsam das Peinliche verdauen, der Künstler speit es aus, der Träumer schwitzt es aus.

---
*) Ähnlich wie im Traum.

Dissoziation des Geschlechtstriebes.

Die Entstehung des Kunstwerkes auf der Höhe der Kultur ist — wie die Möglichkeit des Traumes und der Neurose — in einer Rückbildung, einer **Dissoziation des Geschlechtstriebes** zu suchen, die zum größten Teil der Konstitution zuzuschreiben ist. Die Erinnerung an den unbewußten unschuldigen Urzustand der Allsexualität, die sich im normalen Kinde in unvergleichlicher Weise erhalten hat, kann bei besonderer Akzentuierung eines oder mehrer Triebe, die schon zugunsten der Heterosexualität abgeschwächt sein sollten, das Gleichgewicht der Entwicklung stören, indem diese Triebe durch andauernde Betätigung sich schließlich zu Perversionen fixieren. Der Anlaß zu einer solchen Störung ist gewöhnlich in frühzeitigen, meist mit den Eltern, Geschwistern oder Gespielen im Zusammenhang stehenden sexuellen Eindrücken zu suchen, die aber selbst wieder durch die ungünstige Veranlagung bestimmt sind, die ja den ersten Anstoß zur Bevorzugung gewisser Triebe, die unterdrückt werden sollten und zur Vernachlässigung anderer notwendiger Triebe geben. Diese Verkürzung verschafft den anfangs schon stärker sexuell betonten Trieben neue Sexualzuflüsse, so daß diese Triebe nun die Erlebnisse, die sie zu ihrer Betätigung und weitern Ausgestaltung brauchen, gleichsam suchen, sie an sich ziehen können. Diesen Trieben, deren weitere Betätigung durch die Verstärkung und abnormale Verschiebung der Lustempfindung möglich ist, wird nun, im allgemeinen unter dem Ansturm der organisch bedingten Entwicklung der Fortpflanzungsfähigkeit (Pubertät), die die Konzentration des größten Teiles der gesamten Sexualität gebieterisch fordert, oder infolge späterer innerer Erlebnisse, nach heftiger Gegenwehr ein Teil ihrer Sexualprämie entzogen: die Triebe werden abgeschwächt, sublimiert und können, wenn die Verdrängung in einem gewissen labilen Stadium stehen bleibt, sich als Kunsttriebe betätigen. Der Grad der Sublimierung, der Sexualentziehung, hängt von der Stärke der frühern sexuellen Betonung ab, so daß die ausgebreitetste infantile Betätigung der „Perversion", bei den sonstigen Bedingungen, in Neurose umschlägt. So wie nun „die Neurose sozusagen das Negativ der Perversion ist" (Freud), so ist jeder Grad von Sublimierung das Negativ der frühern sexuellen Überbetonung. Der Künstler bleibt also, grob ausgedrückt, zwischen Perversion und Neurose, und zwar hinter dem Weibe im Verdrängungsprozeß stehen; die Abweichungen, Übergänge und Mischbildungen sind jedoch auch hier wieder unzählig, ja sie bilden die Regel. So kann sich bei einem Individuum neben der ziemlich normalen Geschlechtlichkeit eine der Perversionsneigungen erhalten und aus diesem Konflikt künstlerisches Schaffen resultieren, zu dem sich auch noch Neurose gesellen kann. Oder es gelingt, die Perversion aus dem Kampfe der Pubertät ziemlich ungeschwächt zu retten und weiter zu betätigen, wodurch den andern Trieben, darunter dem der Fortpflanzung, Sexualität entzogen wird, so daß sich nun diese Triebe sublimieren.

Die Ablenkung der Sexualität von dem bevorzugten Trieb macht sich als Unlust fühlbar, die sich nun sowohl gegen den nicht mehr natürlichen und deshalb verpönten Trieb (Perversion), als auch gegen den geforderten, die normale Geschlechtlichkeit, richtet. Die weitere Betätigung der Perversion, also die gewaltsame Sexualbetonung, wird als Sünde empfunden, und das Bestreben dieser, dem Fortpflanzungstrieb geraubten Sexualprämie, zurückzuschnellen, äußert sich als Gewissensbiß. Der im allgemeinen noch schwach betonte normale Geschlechtstrieb aber gibt sich, je nach dem Grade der Betonung, als Abneigung gegen das andere Geschlecht oder als Scheu davor kund. In diesem Konflikt der Ablehnung unvereinbarer Triebe, die sich gesondert durchsetzen wollen, kann sich ein Kompromiß, das künstlerische Schaffen, als größter Teil der Sexualbetätigung des Individuums ergeben; denn die Unterdrückung eines Triebes bedingt schon seine Sublimierung; wird ihm Sexualität entzogen, so schafft er sich sofort einen konventionellen Ersatz: das Unbewußte tritt verkleidet ins Bewußtsein. Deswegen nun ist im Künstler so vieles früher bewußt als im Volke und aus diesem Grunde steht der Künstler auch von allen nervös Erkrankten dem Paranoiker am nächsten; denn „in der Paranoia drängt sich eben so vielerlei zum Bewußtsein durch, was wir bei Normalen und Neurotikern erst durch die Psychoanalyse als im Bewußtsein vorhanden nachweisen", und „es ist bemerkenswert, aber nicht unverständlich, wenn der identische Inhalt uns auch als Realität in den Veranstaltungen Perverser zur Be-

Das künstlerische Schaffen — ein Teil der Sexualbetätigung.

friedigung ihrer Gelüste entgegengetreten." Der Paranoiker „sieht schärfer als das normale Denkvermögen", aber er unterscheidet sich dadurch vom Künstler, daß „die Verschiebung des so erkannten Sachverhaltes auf andere, seine Erkenntnis wertlos macht". *)

Die künstlerischen Fähigkeiten wurzeln im Leiden, sie sind bedingt durch das Erwachen von „Widerständen" im Innern des Künstlers, deren er auf die Dauer nicht Herr werden kann. Die ungenügend unterdrückten Triebe suchen sich immer gegen die, durch die organische Entwicklung bedingte Assoziation einzeln durchzusetzen und müssen daher stets bewacht, mit einer starken Aufmerksamkeit besetzt sein, das heißt, ihre Ersatzbildungen müssen immer im Bewußtsein, das den Kampf dieser Triebe deutlich widerspiegelt, als Wünsche akut sein und zeitweilig konventionelle Befriedigungen erfahren. Da die Sexualbesetzungen beim „Abnormalen" erheblich schwanken, so geht auch das Bewußtsein fortwährend aufs neue als Kompromiß hervor und damit wechselt auch die Aufmerksamkeitsbesetzung

<small>Die Inspiration.</small> unaufhörlich, so daß in einem Moment der Passivität (Inspiration — nach Analogie der Passivitätszustände des Schlafes und der Halluzination bei Traum und Neurose —) die unterdrückten Triebe wirksam werden können. Gelingt es nun einem oder mehren von ihnen, ihre bewußten Ersatzbildungen, die Vorstellungen, für einen Augenblick zu bewältigen, so ergibt sich als charakteristische Äußerung dieser Überrumplung die Arbeit der Verdichtung, die bei allen seelischen Phänomenen

<small>Mechanismus des Einfalls.</small> die Hauptrolle spielt und als deren Paradigma der Mechanismus des Einfalls gelten kann. Die unterdrückten Triebe (das Unbewußte) haben die Tendenz, sich in ihrer vollen Stärke, mit der höchsten Sexualbetonung, als „Perversionen" durchzusetzen. Diese Art der Betätigung ist ihnen aber meist durch die Sexualanziehung verwehrt, die der Fortpflanzungstrieb, von der Pubertät angefangen, ausübt; sie sind in der Regel bis zu einem gewissen Grade unterdrückt, auf das Normale dressiert, so daß ihre Regung Unlust hervorruft, die nun dem Verlangen selbst anzuhaften scheint. Die Triebe befinden sich immer in

---

*) Die Bemerkungen über den Paranoiker sind der Psychopathologie des Alltagslebens entnommen.

einer Spannung, sie sind bestrebt, das Bewußtsein aufzuheben, das ja nur ein Notbehelf für ihre Befriedigung, gleichsam ein Vorposten ist, der mit Hilfe der Sinnesorgane konventionelle Befriedigungen ausfindig machen soll; sie wollen sich selbst an die Stelle des Bewußtseins setzen. Sie ziehen daher alles an sich, was vom Bewußtsein her der Verdrängung unterliegt, die den Gegensatz zur Aufmerksamkeit darstellt und verwenden dieses Material zu ihrer eigenen Verstärkung. Wird nun in einem Moment des steten Bewußtseinswechsels, der durch die Ungebärdigkeit weniger Triebe bedingt ist, die Aufmerksamkeitsbesetzung ungleich inhaltsreicherer Vorstellungsreihen vermindert, so wirkt das ähnlich wie eine schwache Verdrängung, und das Unbewußte absorbiert diese Vorstellungskomplexe. Da sie aber nicht wirklich verdrängt wurden, sondern als Ersatz der Triebe noch weiter im Bewußtsein funktionieren sollen, so sucht der Rest der Aufmerksamkeit das Versehen sofort wieder gut zu machen, indem diese Vorstellungen nun überstark besetzt werden, um sie auf diese Weise wieder „dem Unbewußten" zu entreißen. Die Vorstellungen, durch das Unbewußte modifiziert, schnellen wieder ins Bewußtsein zurück: der Einfall ist da, hinter dessen Form, deren Gefälligkeit die Vorlust erweckt, sich unbewußte Regungen befriedigen, die die Aufhebung innerer Hemmungen, die Endlust, bewirken. Könnten alle Vorstellungen derartig unbewußt gemacht werden und blieben sie es auch, so wäre die Dichtung κατ' ἐξοχήν erreicht: die Zurückführung der Vorstellungsreihen auf die wenigen nur zum Teil unterdrückten Grundtriebe und deren Auslösung dadurch, also die sexuelle Betonung der Triebe, der Zustand der Vielsexualität, der sich dann bei weiterer Reduktion als die Auflösung des gesamten Bewußtseins ins Unbewußte darstellen würde.

Beim normalen Kulturmenschen aber sind die perversen Triebe durch die Jahrtausende währende Entwicklung zur Monosexualität und durch die kulturelle Tätigkeit in genügender Weise unterdrückt, das heißt sublimiert: der Mensch hat Intelligenz, Tugend und Charakter, aber auch bei ihm bleibt die Psyche unbewußter Regungen fähig; bei ihm ist jedoch die im Schlafe erfolgende Aufhebung der Aufmerksamkeit erforderlich, damit sich diese schüchternen Regungen hervorwagen, die sich — wie alles Unbewußte — von Wünschen decken lassen müssen. Die Wünsche werden dann mittels des eigentümlichen Kompromißmechanismus auf versteckte Weise erfüllt, das heißt, sie werden wieder unbewußt gemacht, die ihnen anhaftenden Affekte werden unterdrückt. Also nicht nur die Befriedigung der Triebe selbst ist im Traum meist unkenntlich, sondern auch bewußte, aber von der Konvention verpönte Wünsche finden nur verhüllt ihre Erfüllung; denn die „Konvention" ist in diesen Individuen bereits an die Stelle der Natur getreten. Der Traum des Normalen ist nur ein Echo jener harten psychischen Kämpfe, deren Führer im Neurotiker noch unversöhnlich gegeneinander wüten, während sie im Künstler Waffenstillstände auf unbestimmte Zeit schließen. Der Künstler vermag es noch, sich in friedlicher Weise durch ein Kompromiß zu helfen: er projiziert den Konflikt aus seinem Innern in das Werk, in eine Form, die rein ästhetisch (konventionell) betrachtet schon Gefallen erregt (Ablenkung) und an sich schon sinnvoll ist; die nicht erst durch eine Deutung Bedeutung gewinnt und die durch die Vorlust der Form die Aufhebung innerer Hemmungen als Endlust bewirkt. Was aber das Kunstwerk vor dem Traum voraus hat, ist der Mitwirkung des Bewußtseins zuzuschreiben. Der Psychoneurotiker aber will sich mit Gewalt von den „Widerständen" befreien, er will den Konflikt, anstatt ihn friedlich beizulegen, fliehen, was ihm natürlich mißlingen muß. Der Künstler (können) kann sich also von den peinlichen Empfindungen befreien, wenn sie ihn bedrängen, zum Unterschiede vom Neurotiker, der es nicht kann, aber will, und vom Träumer, der es geschehen läßt. Den Künstler unterscheidet also nur ein eigenartig abgestimmtes Verhältnis der psychischen Kräfte gegeneinander, eine Art Willenskraft, vom Träumer und vom Neurotiker. Daher kommt es, daß meist der Mann, in dem von Natur aus die Aktivität vorherrscht, zum Künstler wird, während das Weib unter sonst gleichen Bedingungen der Hysterie verfällt. Das normale Weib ist der Wendepunkt auf dem Wege vom idealen Manne zur Neurose, denn ihr Wesen ist schon durch stark verdrängte Libido bedingt; aber auch zum Kulturmanne gehört ein bedeutendes, jedoch genau abgetöntes Maß von Sexualverdrängung, auf deren Kosten er seine normale Sexualität ermöglicht und mit der er seine Kultur bestreitet. — Der Neurotiker ist ein „weiblicher" Künstler, der Künstler ist ein „männlicher" Neurotiker, der seine Kur unbewußt selbst erfunden hat, dessen Natur sich immer stärker bedrängt, nicht mehr anders zu helfen weiß. Beim Beginn der Sexualverdrängung versucht das unterdrückte Material sich im Traume durchzusetzen; dann schafft es sich in den Tagträumen (Phantasien) eine geeignete Befriedigung, bis es den Menschen, bei stärkerer Sexualentziehung, zum Kunstgenusse drängt, wo er mit sicherm Instinkt alsbald seine Kur ausgewittert hat: so wird er langsam auf das eigene Schaffen vorbereitet, das sich bei ungenügendem Erfolg der versuchten Heilmittel, also nach mißglücktem Unterdrückungsversuch, einstellt; er erkennt dann intuitiv das Wesen der großen Künstler, deren Werke ihn anzogen und sagt sich u n b e w u ß t: wenn s i e sich durch ihre Werke geheilt haben, so kann i c h mich auf ähnliche Weise kurieren: er wird selbst Künstler. Der Wahn des „Künstlerseins" ist also eine „Aneignung auf Grund des gleichen ätiologischen Anspruches und bezieht sich auf ein im Unbewußten verbleibendes Gemeinsames"*) zwischen den Künstlern, ähnlich wie beim Neurotiker das verdrängte Material mit Hilfe des Bewußtseins immer auf der Lauer nach einem Anlasse ist, an dem es sich entladen kann. Der Neurotiker ahmt vieles nach, was er von andern nervösen Kranken hört oder sieht, weil er fühlt, daß es auch ihm Erleichterung schaffen wird. Tritt an die Stelle der Aneignung beim „Künstler" eine simple Imitation, die aber auch irgend eine unbewußte Quelle hat, so entstehen, je nach dem Grade dieser Nachahmung, die Werke zweiten, dritten, vierten Ranges. Dem echten Künstler aber täuscht die Natur durch einen Wahn seine hohe Berufung vor und entlockt ihm, indem sie seiner Ruhmsucht und seinem Ergeize schmeichelt, den Krankheitskeim im Werke. Der diesem „Wahn" entspringende Glaube jedes bedeutenden Künstlers, daß seine Kunst die höchste sei, ist zum Schaffen unbedingt notwendig und eine Steigerung der

Mechanismus der Aneignung.

---

*) Es ist derselbe Mechanismus, mit dem der Hysteriker die Erlebnisse anderer Personen in seinen Symptomen ausdrückt (vgl. Seite 37).

bei der Psychoanalyse erforderlichen Unterdrückung der Selbstkritik, ein Nichtbeachten alles Fremden, eine geistige Blindheit für alles Äußere, ein Hinhorchen auf die Stimmen des Innern, kurz eine Wirkung der automatischen Arbeitsweise des Unbewußten. Der Glaube aber, in künstlerischer Hinsicht über den Vorgänger hinausgegangen zu sein, der nur in Beziehung auf das Fortschreiten im Bewußtsein gerechtfertigt wäre, ist eine im Unbewußten sich abspielende Abwehr der Ahnung, daß sein Werk auch eine Kur sei. Mit diesem Glauben hängt der Wunsch des Künstlers, sein Werk anerkannt zu sehen, innig zusammen: er ist der unbewußte Zwang, seinen „Glauben" allgemein bestätigt und dadurch den Wahn aufgehoben zu sehen, der sogar noch aus dem Unbewußten verdrängt werden soll; das aber muß vom Empfangenden geschehen und ist gleichsam der Gegendienst, den der Künstler von denen fordert, die sich mit seinem Werke kurieren wollen. Auch hat der in gewissem Sinne unverschämte Mitteilungs- und Ehrgeiztrieb des Künstlers viel Gemeinsames mit der Beichte und der Absolution (Religionsstifter).

Die Wirkung des Kunstwerkes. Die Wirkung des Kunstwerkes ist beim Empfangenden ähnlich wie beim Schaffenden, nur erfolgt sie in umgekehrter Weise. Das Kunstwerk bietet dem „Unproduktiven" die Möglichkeit, ohne bedeutenden Aufwand überschüssige Erregungssummen abzuführen; denn die zur Aufhebung der innern Hemmungen erforderliche psychische Arbeit mußte der Künstler für sich und die Empfangenden leisten. Der Genießende imaginiert sich dann, von der Form verlockt, an die Stelle des Künstlers (Mitschaffen), was ihm leicht gelingt, denn der Empfänger liebt nur das Kunstwerk, das die Erfüllung seiner eigenen Psyche ist, das er beinahe selbst gemacht haben könnte. Der Aufwand, den er nun dazu macht, wird überflüssig und irgendwie (Lob, Beifall, Bewunderung, Begeisterung) abgeführt. Auf diesem mühelosen Abreagieren der „Affekte" beruht der größte Teil der Lustwirkung des Kunstwerkes und auch die Verehrung für den Künstler stammt aus dieser Quelle. Die Besetzung aber, die beim Künstler durch die Aufhebung seiner innern Hemmungen frei wird, ist nicht so groß wie beim Empfangenden, weil die Unterdrückungen im Künstler nicht so stark sind; überdies muß er den größten Teil dieser Besetzungsenergie zur Aufhebung dieser Hemmungen selbst verwenden, weshalb das Arbeiten des Künstlers immer etwas schmerzlich Zwangvolles an sich hat; ein kleiner Teil aber wird überflüssig und hat die Aufgabe, als Vorlust die Fortsetzung der Produktion zu ermöglichen. Die ästhetische Lust ist nämlich sowohl beim Künstler als auch beim Empfänger nur Vorlust,*) die die eigentliche Lustquelle verdeckt, den Effekt daraus aber sichert und verstärkt. Jedes Kunstwerk ist, ebenso wie „der Traum und alle psychoneurotischen Symptome, die verkleidete Erfüllung eines unterdrückten, verdrängten Wunsches"; und die Wünsche sind es, die das ideale Moment des Kunstwerkes ausmachen. Die ästhetische Lust ist nur Vorlust.

Der Umstand, daß jede „Kunst"-Entwicklung zum Drama tendiert, ist zunächst im Fortschreiten des Verdrängungsprozesses innerhalb eines Volkes begründet. Das Drama nähert sich am meisten der Traumform und grenzt auch schon nahe an die Aktion des hysterischen Anfalles; es enthält alle andern Künste in sich vereinigt und verbindet gleichsam die primitivste künstlerische Leistung, den Einfall, mit der Grenze, an der das künstlerische Leistungsvermögen überhaupt versagt, dem Anfall. Beim hysterischen Anfall vereinigt sich der wirklich verdrängte Affekt gewaltsam wieder mit seiner bewußten Vorstellung, während beim Einfall nur die aus Versehen fallen gelassene Vorstellung wieder ins Bewußtsein zurückschnellt. Die Produktionsperioden des Dramatikers, in denen er eben seine Einfälle hat, sind daher nur mit den Anfällen des Hysterikers zu vergleichen.

Die Erhaltung der Einzelkünste aber auf der Höhe der Kultur ist hauptsächlich der besondern infantilen Betonung gewisser Triebe bei den verschiedenen Individuen zuzuschreiben. So wird sich beim Maler eine — stark sublimierte — übermäßige sexuelle Betonung des Schautriebes (Sehlust) in der frühesten Kindheit, beim Bildhauer auch noch eine solche der Tastempfindung (Bemächtigungstrieb), von der ja „in letzter Linie das Sehen abgeleitet ist"*) und beim Musiker eine solche der Gehörsempfindung nachweisen lassen. Der Dich- Unvollkommene Sexualverdrängung bei den Sinnesorganen.

---

*) Vergleiche die Vorlust beim Witz.
**) Sexualtheorie.

Der Dichter als höchste Form des Künstlers. ter aber steht über ihnen; er trägt auch seinen Namen von der Tätigkeit, die das Wesen aller Kunst ausmacht, denn jeder Künstler dichtet, auch der Träumer und der Neurotiker dichten, aber im „Dichterwerk" hat diese Arbeit den Hauptanteil und tritt in ihrer höchsten Vollendung hervor. Des Dichters Kunst entspringt starken Verdrängungen, sie tendiert aber schon zur „Aktivität", die im Dramatiker ihre höchste künstlerische Form erreicht, während sie im Schauspieler schon sexueller hervortritt und in der Hysterie ganz durchbricht. Die Individuen aber, die den passiven Perversionen zuneigten, werden unter den sonstigen Bedingungen eher Berufung zum Maler oder Bildhauer zeigen. Im Dichter ist auch schon die Kunst nicht mehr so sehr Sache der Geschicklichkeit, wie beim „bildenden Künstler", sondern sie ist mehr intellektuell, geistiger, geht aber auch automatischer vor sich, da sich das Unbewußte zu seinem Ausdruck der Fähigkeiten bedient, die allen Menschen, nur nicht

Der Musiker. in solchem Grade, zu eigen sind. Der Musiker aber steht zwischen dem Dichter und dem bildenden Künstler: in ihm ist auch schon eine hohe Verdrängung erreicht, wie beim Dichter, aber hier gibt sich das Unbewußte in einer erst spät erlernten Sprache kund; in der Musik ist mehr τέχνη als in der Dichtkunst, dafür steht sie aber dem Unbewußten im Inhalt um so viel näher als die Dichtkunst, als sie sich in der Form von ihm entfernt. Beim Dichter arbeitet das Unbewußte ganz spontan, gleichsam aus sich selbst, während es bei den andern Künstlern (aber auch bei den „schlechten" Dichtern) meist einer besondern Formverlockung (Fertigkeit) bedarf, um die unbewußten Spannungen auszulösen. Eine ähnliche Formverlockung besorgt aber auch die Wirkung beim Empfangenden.

Die Affekte im Drama. In der höchsten Form der Dichtkunst, in der Tragödie, werden die Affekte abreagiert, indem sich der Zuschauer mit dem Handelnden identifiziert und so mittelbar mit dem Dichter, der ja seine Affekte durch denselben Vorgang entlud. Die beim Zuschauer automatisch ausgelöste Wirkung imaginiert sich die entsprechende Ursache: der Empfangende lebt die betreffenden Momente der Handlung mit; aber er schnellt sofort wieder in seine rein ästhetische Reserve zurück, wo er erleichtert aufatmet — denn den drückenden Affekt ist er schon los geworden

— daß es nur die „Phantasiegestalt" des Dichters sei, die leide. Aber der „Held" im Drama ist nichts anderes als der idealisierte Künstler; was an Fehlern und Schwächen im Künstler ist, das fügt er den personifizierten Widerständen hinzu*) (Bösewicht). Die Lust am Untergange des Helden, an seinem „Tode", ist nur durch eine Vergleichung mit dem Erwachen aus einem schweren Traum oder mit dem Freudegefühl nach der Genesung von einer Krankheit (Neurose) verständlich. Überdies wird dieser „Tod" weder vom Zuschauer noch vom Künstler als „Sterben" empfunden; denn wie **alle Personen des Dramas Verkörperungen einzelner psychischer Mächte des Künstlers** sind, so ist der Held die Personifikation des Schauplatzes dieses Kräftespieles, des „Willens". Sind nun die einzelnen Wünsche erfüllt, so fließen die dadurch frei werdenden Energiebesetzungen ab und machen neuen Erscheinungen (Wünschen) Platz: der Held ist gestorben; sein „Tod" ist also die Sichtbarkeit der Wunscherfüllung in ihrer höchsten Form. Die Komödie macht das Lustgefühl nicht nur in gewissen Momenten für die einzelnen Zuschauer fühlbar, wie die Tragödie, sondern sie bekräftigt, als eine Übertreibung der Tragödie, die dort sich einstellende Befriedigung, indem sie das Freudegfühl (Freude: ein siegreicher Wunsch) fortwährend auslöst, zugleich aber durchblicken läßt, daß alle Wunscherfüllung nur ein Kompromiß, nur illusorisch ist. Sie macht die Freude dauernd, und verscheucht so gänzlich den peinlichen Eindruck, den die Erinnerung an die Tragödie hervorrufen könnte (Satyrspiel).

Da der Dramatiker, als die höchste Form des künstlerischen Menschen, am weitesten vom unkünstlerischen absteht und wegen der Aktivität dieser Kunstart bedarf der Empfangende der Vermittlung des Schauspielers, um sich an die Stelle des Dichters imaginieren zu können, ähnlich wie der Musiker der Form wegen eines Vermittlers, und wie die Religion ihres Inhaltes wegen der Vermittlung des Priesters bedarf. Der **Schauspieler** ist unter allen Künstlern in psychologischer Beziehung der interessanteste: er steht, was die Wirkung der Kur anbelangt zwischen dem Dramatiker und dem Zuschauer; denn

Psychologie des Schauspielers.

---
*) Timon (V, I) to the poet: wilt thou whip thine own faults in other men?

die meisten Kulturmenschen zeigen in der Periode der Pubertät Neigung zum Schauspieler und die größten Dramatiker glaubten anfangs, sie seien für diesen Beruf bestimmt. Der Schauspieler ist dem Arzte zu vergleichen, der dem Neurotiker die Handhabe zur Kur bietet; aber beim Schauspieler geschieht das durch einen Wahn: der Schauspieler ist gleichsam der ins Künstlerische übersetzte Arzt, so wie der Priester der ins Religiöse übersetzte Arzt ist. Der Schauspieler ist dem Professor zu vergleichen, der sich selbst mit dem Serum impft, um zu zeigen, daß es nicht schädlich ist, sondern nützt. Er ist es, der die Kur des Empfangenden leitet, während nachher jeder Zuschauer meint, er habe sie selbst gemacht, wie es der Neurotiker von seiner Kur auch glaubt. Im Schauspieler sind die Triebe noch nicht so stark unterdrückt, wie im Zuschauer, aber auch noch nicht so hoch sublimiert wie im Dichter, der viel schamhafter ist und sich des Schauspielers als Vorwand, als Mittel (Vermittlung) zur Aufhebung der Hemmungen bedient, die er selbst nicht freimachen kann. Der Schauspieler leistet also zunächst dem Dichter eine psychische Arbeit, die der Dramatiker selbst nicht zu leisten vermag: er macht das, was der Dichter machen wollte, aber nicht machen konnte; er prostituiert sich für den Dichter, er stellt sich bloß, denn er ist der „Perverse", der

Der Schauspieler das Positiv des Dichters. den Urtrieben näher steht. Er ist das Positiv des Dichters, so wie die Dirne das Positiv der Hysterika ist. Der Schauspieler ist gleichsam die ins Künstlerische sublimierte Dirne, so wie der Dichter die ins Künstlerische sublimierte Hysterika ist. Der Schauspieler ist also die Wunscherfüllung des Dichters. Jedem Dramatiker schwebt bei der Gestaltung, bewußt oder unbewußt, das Ideal des Schauspielers, des guten Interpreten vor, der das vollenden kann, was der Dramatiker wollte; und die Kunst Shakespeares wirkt nicht zum wenigsten aus dem Grunde so elementar, weil in ihr Schauspieler und Dichter in eine Person zusammenfallen, weil da der Dichter fast konnte, was der Schauspieler wollte. Aber auch dem Zuschauer leistet

Der Applaus: motorische Abfuhr der Affekte. der Schauspieler eine ungeheure psychische Arbeit. Zunächst ermöglicht er dem Empfangenden die mühelose Identifizierung mit dem Dichter, wobei der ganze Aufwand, den der Zuschauer zur eigenen Bestreitung dieser Arbeit aufzubringen versucht, als überflüssig erkannt und unter Lustempfindung abgeführt wird; daß dabei der hohe Lusteffekt lediglich der Wirkung des Schauspielers zuzuschreiben ist, geht schon daraus hervor, daß niemand bei der Lektüre eines Dramas applaudiert, weil er dabei einen sehr großen Aufwand zu machen hat, um sich an die Stelle des Künstlers zu versetzen. Im Theater jedoch leistet der Vermittler diese Arbeit — die aber für ihn selbst auch mit Lust verbunden ist — durch Erweckung der Vorlust, und der Überschuß wird motorisch, durch applaudieren, abgeführt: der Rhythmus des Beifallklatschens geht, wie alle Freude am Rhythmischen, auf Sexuelles zurück. Dem Applaus im Schauspiel entspricht das Lachen in der Komödie und zum Teil auch das Weinen im Trauerspiel, denn es dient, ebenso wie das Lachen, der motorischen Abfuhr von Erregung (Weinen aus Freude); nur entspringt das schmerzliche Weinen, im Gegensatz zum Überschußcharakter des Lachens,*) einem Aufwandszwang und zeigt daher das Symptom des Leidens, der Passivität. Das Weinen ist gleichsam die letzte Zuflucht des Lachens, so wie der Schmerz die letzte Zuflucht der Lust ist; und wie im Lachen ein lustvolles Vergleichen, ein Überlegenheitsgefühl steckt, so wurzelt das Weinen in einem Gefühle des Besiegtseins, des Unterliegens. *Das Weinen: ein Aufwandszwang.*

Die größte Lust bewirkt aber der Schauspieler durch seine eigentümliche Verwandlungsfähigkeit; seine höchste Leistung hat er vollbracht, wenn er einen seiner eigenen Natur widersprechenden Charakter täuschend dargestellt hat, wenn er also der schwankendsten Veränderungen in der Sexualbesetzung seiner Triebe fähig ist. Die Sexualität des Schauspielers muß leicht erregbar und beweglich sein; er befindet sich immer gleichsam in der Periode der Pubertät, wie der Hysteriker. Der Schauspieler ist aber der Gegensatz des Hysterikers: er kann seine „Anfälle" durch eine leichte Imagination hervorrufen, er hat sie aber dann in seiner Gewalt, er beherrscht sie immer noch. Die Triebe des Schauspielers sind noch nicht fixiert, wie die des normalen Menschen, er hat keinen „Charakter", und gerade aus dem Grunde wird er so geliebt, weil

---

*) Vergleiche: Der Witz.

er frei ist von dem, wovon auch der Zuschauer frei sein möchte, denn auch er will keinen Charakter haben, das heißt, er will nicht gewisse Triebe ein- für allemal mit einer bestimmten Sexualenergie assoziiert halten, er will nicht andere Triebe für immer unterdrücken; er will auch die Beweglichkeit der Libido, das Vermögen der Allsexualität: der Schauspieler ist also auch die Wunscherfüllung des Zuschauers.

Dem Schauspieler wird aber die Möglichkeit seiner Wirkung erst vom Dichter gegeben: der Schauspieler selbst braucht auch den künstlerischen Wahn, die Vorlust, so wie der Dramatiker und der Zuschauer. In Wagner nun sind nicht mehr wie bei Shakespeare Schauspieler und Dichter noch voneinander geschieden, sondern sie sind zu einer höhern Synthese verschmolzen. Bei den Werken Wagners tritt die Wirkung des Schauspielers in den Hintergrund: der Dichter ist hier auf einer so hohen Bewußtseinsstufe angekommen, daß er auch einen großen Teil der Arbeit des Schauspielers zu leisten vermag, dessen er aber dennoch zur vollkommenen Wirkung bedarf. Aber auch der Zuschauer hat bei Wagner eine geringere psychische Arbeit zu leisten, es wird mehr Aufwand überflüssig, es resultiert ein größerer Genuß: denn die Musik im Drama ist ein Schritt weiter im Mitteilungstrieb; es muß noch ein Teil des Unbewußten, gleichsam die oberste Schichte heraus; das muß aber Musik werden, um Kunst zu sein. Durch die seltsame Verknüpfung der beiden künstlerischen Fähigkeiten, des Wollens und des Könnens in einer Person, brachte Wagner auch, im Gefolge des Dichters, der immer ein wenig in Ansehen gestanden hatte, den Schauspieler zu Ehren. Wagner war es, der dessen soziale Stellung umwertete, der seine Notwendigkeit betonte und der die Menschen zwang, die ungeheure kulturelle Wichtigkeit des Künstlers überhaupt anzuerkennen. In den Werken Wagners ist die Kunst auf ihre äußerste Höhe gebracht. Der Künstler taumelt nur noch am Abgrund der Neurose entlang. Er hat nun gewissermaßen die Leiden aller andern Künstler auf sich genommen, dafür vereinigt er aber in sich alle ihre Fähigkeiten. Der Wahn des Künstlerseins ist bei Wagner schon zum Teil erkannt; in seinen Prosaschriften versucht er, tief in die Geheimnisse des künstlerischen Schaffens einzudrin-

Gipfel der Kunst.

gen; aber es ist in ihm noch vieles unbewußt, verhüllt, zu „künstlerisch" und während des Schaffens wird der größte Teil der „Erkenntnis" vom Rest des Wahnes unterdrückt.

Der Versuch, im Drama (ohne Musik) in der Mitteilung des Unbewußten so weit zu gehen wie Wagner, bedeutet im rein künstlerischen Sinne schon einen Rückschritt; denn es können hier nur mehr oder weniger verkleidete Bruchstücke einer Psychoanalyse gegeben werden, die vom „ästhetischen Drama" nicht mehr zu trennen, aber auch nicht auf künstlerische Weise (Musik) mit ihm organisch verwachsen sind, sondern die die Arbeit des Unbewußten von Zeit zu Zeit störend unterbrechen, indem sie die Aufmerksamkeit auf seine Tätigkeit selbst lenken wollen. Die „Charaktere" werden geschildert, analysiert, wie bei Ibsen. Hier geht der Dramatiker in den wissenschaftlichen Künstler über.

Denn die fortschreitende Sexualverdrängung im Entwicklungsprozeß des Menschengeschlechtes erfordert immer dringender die Beherrschung, das Bewußtwerden des Unbewußten und dieses angestrebte Ziel vermag die Kunst nicht zu erreichen, da sie selbst nur unbewußt entsteht und auch nur unbewußt wirken, das heißt, dem Volke den Fortschritt des Bewußtseins nur indirekt vermitteln kann. Über eine gewisse Grenze vermag die Kunst eben nicht hinauszugehen, denn der Künstler selbst steht vor seinem Werke wie vor einem Wunder; er versteht davon nicht um vieles mehr, als der Träumer von den Vorgängen in seinem Unbewußten oder der Neurotiker von seinen Anfällen. Das Kunstwerk wird zwar immer mit vollerm Bewußtsein produziert, aber gerade aus dem Grunde muß es schließlich auf diesem Wege in Wissenschaft umschlagen, die hinter die Triebkräfte der Kunst selbst kommen, die alles bewußt machen will: denn „das richtige Bewußtsein ist Wissen von unserm Unbewußtsein" (Wagner). Zu diesem Bewußtsein vermag aber nur eine allgemeine Wissenschaft hinzuleiten. Durch die Erkenntnis einzelner kann für die Allgemeinheit nicht viel gewonnen werden; es muß jeder die Erkenntnis selbst, gleichsam am eigenen Leibe machen, ehe er sie besitzen und verwerten kann: es muß jeder durch eigenen Schaden klug werden,

Übergang der Dichtkunst in Wissenschaft.

denn Erkennen setzt Leiden voraus. Die fortwährende Aufwandsersparnis der Menge rächt sich schließlich; es **muß jeder selbst einmal seine psychische Arbeit leisten**, wenn er wirklich wissend werden will: zur Sühne für die einstige Unterdrückung, die dem Lusterwerb diente, müssen nun alle Hysteriker werden, denn die Kindheit der Menschheit ist erfüllt von der ausgebreitetsten Betätigung aller „Perversionen". Aber wie der „Religionsstifter" überwunden wurde, so muß auch der künstlerische Mensch überwunden werden: der „Künstler" wird zum Schauspieler, und der Schauspieler muß zum Arzte werden; die Schaffenden werden zu Heilkünstlern und die Empfangenden zu Neurotikern werden; denn nur auf diesem Wege vermag das Volk zum „Bewußtsein" zu kommen: die Neurose ist die **Basis des allgemeinen Wissens**. Denn hier weist wieder, wie überall, das Abnormale dem Normalen den Weg der Befreiung. Der geheilte Neurotiker hat einen tiefen Einblick in seine „Psyche" und dadurch in die aller Menschen gewonnen; die Krankheit hat ihn wissend gemacht, denn er brauchte das Wissen, die Beherrschung des Unbewußten, zu seiner Kur. Das Leiden hat ihn vollkommen gemacht.

Neurose — die Basis des allgemeinen Wissens.

Und nun, da die Bedingungen zur Heilung der Neurose gegeben sind, eröffnet sich ein weiter Ausblick auf die Zukunft des Menschengeschlechtes. Die Menschheit kann nun getrost dem unausweichlichen Ende jeder Kulturentwicklung, der Hysterie, entgegengehen, denn nun kann sie dieses Ende überwinden, sie vermag es, einen Übergang daraus zu gestalten; und wenn früher die Völker an der Neurose zugrunde gingen, so werden sie jetzt durch sie hindurch gehen und dadurch wissend werden. Ist aber erst die **vollkommene Umwertung alles Psychischen geglückt, das gesamte Unbewußte bewußt geworden**, dann wird der unkünstlerische asexuelle Übermensch, leicht und stark wie ein „Gott", mitten im Spiel des Lebens stehen und seine „Triebe" mit sicherer Hand lenken und beherrschen.

Die Umwertung alles Psychischen.

Druck:
Customized Business Services GmbH
im Auftrag der
KNV Zeitfracht GmbH
Ein Unternehmen der Zeitfracht - Gruppe
Ferdinand-Jühlke-Str. 7
99095 Erfurt